Tempêtes de sable et compromis

Le pari de Donald Trump sur le Moyen-Orient

GEW Unité d'intelligence

Global East-West

Table

Introduction

Le retour de Donald Trump et le Moyen-Orient

Réexaminer l'héritage de la politique étrangère de Trump

Les politiques mises en œuvre par l'administration Trump concernant la région du Moyen-Orient ont eu et continuent d'avoir l'impact le plus profond sur sa géopolitique. Sa présidence a donné lieu à de nouvelles politiques américaines qui ont reconfiguré les relations et recalibré les calculs stratégiques. L'un des éléments durables de la politique étrangère de Trump est l'accent qu'il a mis sur la diplomatie transactionnelle, qui vise à recevoir quelque chose en échange plutôt qu'à forger des alliances ou des partenariats multilatéraux. Cette approche a présenté des avantages et des défis pour l'engagement de l'Amérique au Moyen-Orient. Son administration a déplacé l'ambassade à Jérusalem, s'est retirée de l'accord sur l'Iran et a maintenu des politiques de pression contre l'Iran tout en réaffirmant son soutien aux alliés du Golfe, ce qui a eu pour effet d'exacerber les tensions dans la région. L'accent mis par l'administration sur la lutte contre l'influence de l'Iran en renforçant le soutien aux alliés du Golfe a mis en évidence la stratégie de pression maximale, une politique consistant à accroître la pression économique et diplomatique sur l'Iran pour le forcer à renégocier un nouvel accord nucléaire. Les accords d'Abraham ont également marqué un changement d'orientation des efforts de paix vers une normalisation entre Israël et les États arabes plutôt que vers une paix pour Israël, ce qui a encore transformé les alignements régionaux. Ces politiques ont également mis l'accent sur les intérêts économiques en matière de politique étrangère, ce qui constitue un net changement par rapport aux équilibres des administrations précédentes.

L'héritage de Trump au Moyen-Orient a ouvert une nouvelle ère de politiques et de partenariats militaires. Le changement de perception des responsabilités en matière de sécurité et la priorisation des intérêts nationaux ont conduit à une réduction des troupes dans la région. Ce réalignement a tempéré le maintien de la perception du soutien d'autres pays considérés comme des alliés. Le déplacement des forces américaines a démontré que le raisonnement qui sous-tend la stratégie a évolué vers ce que l'on appelle « l'intérêt national ». Il reste crucial d'évaluer l'héritage de la politique étrangère de Trump à la lumière de la concurrence géopolitique et du contexte régional. L'intersection de ces choix stratégiques avec les tensions et les relations historiques crée des alliances qui méritent d'être examinées. Au vu de l'évolution des circonstances, la politique étrangère de l'administration Trump définit la stratégie et l'orientation à long terme de l'Amérique au Moyen-Orient, ce qui nécessite une analyse nuancée et complète.

Le Moyen-Orient avant Trump : un bref aperçu

Le Moyen-Orient est resté une région où les défis géopolitiques sont multiples et les complexités historiques profondément enracinées. Au cours du XXe siècle et au début du XXIe, le Moyen-Orient a connu une série de changements décisifs et d'événements qui ont bouleversé sa politique, son économie et sa sécurité. Depuis la dissolution de l'Empire ottoman, suivie du système des mandats et de l'émergence ultérieure d'États-nations indépendants, la région a connu une évolution constante. Le Moyen-Orient a été profondément affecté par le conflit israélo-arabe et la montée de l'islam politique, ainsi que par les interventions extérieures. Avant même l'arrivée au pouvoir de Donald Trump, la région était confrontée à de nombreux problèmes, notamment des guerres intestines, des luttes de pouvoir sociopolitiques et des conflits liés aux inégalités économiques. D'autres facteurs régionaux incluent le programme nucléaire iranien, la guerre civile en Syrie et l'extrémisme de l'État islamique. Les tensions israélo-palestiniennes de longue durée ont également continué à alimenter les conflits sur la scène internationale. Tous ces facteurs ont conduit la région vers un scénario géopolitique hautement volatile. Parallèlement à ces questions, l'évolution des conditions géopolitiques a conduit à une réévaluation des partenariats et des alliances traditionnels.

Avant l'entrée en fonction de Donald Trump, le Moyen-Orient était historiquement un creuset d'héritages de longue date, de conflits actuels, de rivalités et de questions d'intérêt stratégique à l'échelle mondiale. Il est essentiel de comprendre le contexte historique pour saisir la profondeur des complexités de la région et la manière dont elles sont devenues l'objectif principal des politiques américaines pendant la présidence de Trump. Cette compréhension permet également d'identifier les menaces potentielles qui pourraient survenir avec son retour en politique.

Anticiper le retour de Trump : analyse du paysage politique

L'arrivée de Trump sur la scène politique a donné lieu à de nombreuses spéculations et analyses, en particulier sur le Moyen-Orient. Pour en comprendre les implications, il faut examiner le paysage politique de la région. Il faut notamment se pencher sur les relations de pouvoir ou les rivalités qui prévalent et sur les alliances existantes, ainsi que sur les obstacles actuels et les opportunités émergentes qui auront un impact sur les choix politiques à l'avenir. Il convient également d'identifier les autres acteurs importants et leurs objectifs régionaux et internationaux. Compte tenu de la nature particulière de la diplomatie de Trump et des conséquences durables de son administration sur la région, le retour de Trump risque de fausser les aspects les plus nuancés de l'analyse de la région. Pour circonscrire les conséquences potentielles de sa réapparition, il convient d'examiner attentivement les interactions multiformes entre les préoccupations de la région, les contextes mondiaux et la politique intérieure. Une dimension essentielle de l'analyse consiste également à déterminer le degré d'engagement des différentes parties prenantes à l'égard des politiques de Trump au Moyen-Orient. Il est également important de dresser un tableau complet de la position des autres alliés, des rivaux et des autres acteurs concernés.

En plus d'autres facteurs, l'impact des changements dans l'environnement mondial, l'activité croissante des autres superpuissances et le développement des systèmes multilatéraux constituent un autre élément d'analyse. L'analyse du paysage politique reste l'une des composantes les plus importantes pour prédire les résultats et les conséquences possibles du retour de Trump au Moyen-Orient, en raison de sa nature multidimensionnelle. Elle explique pourquoi les puissances extérieures contestent la région, quels sont les principaux intérêts et conflits, et quelles politiques doivent être adoptées pour expliquer les nouveaux développements importants pour la région, ce qui est très pertinent pour les décideurs, les analystes et les observateurs régionaux.

L'évolution de la dynamique géopolitique au Moyen-Orient

La région du Moyen-Orient a toujours présenté des caractéristiques géopolitiques complexes en raison de la concurrence permanente pour le pouvoir et l'influence. Récemment, des facteurs plus importants ont modifié la stabilité de la région et les menaces qui pèsent sur la sécurité dans le monde. L'un de ces facteurs concerne les partenariats traditionnels qui ont été formés dans le passé et qui subissent aujourd'hui certains changements. Les États-Unis ont réussi à négocier des pourparlers de normalisation entre Israël et certains pays arabes, qui sont désormais connus sous le nom d'accords d'Abraham. Ces nouveaux alignements indiquent un changement d'orientation de ces pays vers la recherche de nouveaux accords. Cela a fondamentalement transformé l'équilibre actuel des pouvoirs, mettant à mal les anciennes perceptions de la concurrence et de la coopération régionales. Cette situation, associée aux guerres chroniques en Syrie, au Yémen et en Libye, confère au Moyen-Orient son caractère géopolitique actuel. Une autre raison tout aussi importante concerne le rôle des ressources énergétiques dans la région internationale. Certains changements dans la dynamique politique et économique de l'ordre mondial, dus à l'évolution de la technologie et à la demande actuelle en ressources énergétiques, ont transformé des notions profondément ancrées sur la raison des conditions géopolitiques actuelles des ressources énergétiques dans la région.

En outre, les acteurs non étatiques ont contribué à des problèmes complexes avec leurs guerres par procuration et leurs activités terroristes. Ces problèmes dépassent les frontières nationales et posent de sérieux défis à l'ordre local. Dans le même temps, le Moyen-Orient subit de profonds changements et est confronté à de multiples problèmes sécuritaires et diplomatiques. Les acteurs étatiques et non étatiques tentent de défendre leur position et de contrôler la situation tout en plaçant sur la table des négociations des intérêts et des agendas très contrastés. Il est donc essentiel de comprendre l'équilibre de ces forces conflictuelles afin d'élaborer des options politiques raisonnables pour favoriser la paix et réduire la violence. Nous abordons ces questions de front, tout en examinant en détail l'évolution du paysage géopolitique de la région et son impact sur le monde.

Principaux défis : sécurité et diplomatie

L'un des enjeux mondiaux de ces dernières décennies a été le réseau complexe de tensions diplomatiques et de défis sécuritaires astucieux au Moyen-Orient. La Syrie, le Yémen et la Libye sont toutes des zones de conflit chaudes, chacune ayant ses propres querelles, et la menace terroriste continue n'est rien d'autre qu'une douleur royale grâce à l'État islamique et à des douzaines d'autres organisations militantes. Par ailleurs, les équipements militarisés de pointe, tels que les missiles balistiques et les drones militaires, ne font qu'embrouiller davantage le puzzle sécuritaire déjà écrasant de la région. À cela s'ajoutent les éternelles sous-sections des rivalités arabes qui rendent la situation encore plus difficile : la crise iranienne avec les pays arabes du Golfe et le problème de la Palestine et d'Israël, qui n'a de solution nulle part. Toute tentative de résolution de ces problèmes devient la cible impitoyable de la domination. Les empires occidentaux en déclin perpétuel entretiennent la nécessité de gérer ces changements de pouvoir en déclin dans un mélange exceptionnellement écrasant de retards, ce qui représente une force difficile à maîtriser. Derrière cette fureur se cache la force inébranlable des capacités nucléaires iraniennes, qui s'entremêlent à de redoutables problèmes énergétiques, le tout formant le ventre d'une compétition géopolitique étonnamment complexe et d'un monde diplomatique d'une grande vivacité d'intervention. En d'autres termes, ces compromis et ces alliances avec de vieux amis et de nouveaux hommes d'affaires rivaux nécessitent une véritable maîtrise de la part de partenaires de confiance sur la scène mondiale, à savoir la Russie et la Chine.

En outre, la résolution de conflits chroniques et l'élaboration d'accords de paix durables nécessitent des approches diplomatiques novatrices et, parfois, une attention excessive. Le conflit israélo-palestinien reste l'un des problèmes les plus difficiles et les plus complexes de la diplomatie mondiale en raison de son histoire ancienne et de l'enchevêtrement des récits relatifs à la terre et à la souveraineté. Ces facteurs complexes de politique militaire et diplomatique exigent des solutions à multiples facettes qui évaluent la flexibilité diplomatique et la force militaire dirigées, parallèlement à une collaboration internationale continue. Les

États-Unis doivent manœuvrer avec soin dans cette interaction complexe de stratégie, de terrain historiquement sensible, de culture, de politique et d'histoire pour poursuivre leurs objectifs nationaux dans la région. Ne pas s'attaquer à ces difficultés de la manière la plus efficace possible pourrait avoir un impact profond sur l'équilibre géopolitique de la région et sur l'ordre international, d'où la nécessité d'une analyse minutieuse et d'une réponse agile à l'ensemble des conflits et des menaces qui caractérisent la diplomatie et la sécurité au Moyen-Orient.

Possibilités d'influence : intérêts stratégiques

Le Moyen-Orient, région d'une grande importance stratégique pour les États-Unis, présente un paysage complexe de défis et d'opportunités. L'intégration de la puissance économique et militaire américaine nécessite de dominer ou d'avoir une influence sur des régions mondiales stables et sûres. Si l'on se concentre directement sur le Moyen-Orient, on constate que les objectifs américains dans la région tournent autour de la stabilité, de la sécurité et de la domination ou d'une présence affirmée.

L'optique de la politique étrangère américaine indique que la poursuite des relations avec Israël, l'Arabie saoudite et les États du Golfe offre de nombreuses possibilités. Ces alliés constituent des partenariats économiques et militaires cruciaux et des remparts contre des rivaux régionaux communs. L'exercice de l'influence américaine en mettant l'accent sur les démocraties stables et progressistes et en participant à des escarmouches et à des guerres locales notables favorise également leur objectif stratégique.

En outre, les relations énergétiques actuelles au Moyen-Orient offrent une autre possibilité d'expansion de l'influence américaine.

Cette région étant l'un des principaux fournisseurs d'énergie au monde, les États-Unis sont directement intéressés par une activité stable et sûre sur le marché de l'énergie. En interagissant avec les principaux producteurs et consommateurs d'énergie de la région, les États-Unis cherchent à éviter de graves perturbations mondiales et des ralentissements économiques, ce qui, en retour, protège leurs intérêts économiques stratégiques.

Outre les partenariats énergétiques traditionnels, l'évolution de l'environnement géopolitique du Moyen-Orient offre des opportunités aux États-Unis. Cette région connaît en effet des changements d'alliances, une dynamique de puissance émergente et des ouvertures diplomatiques. Les États-Unis peuvent utiliser de manière proactive de nouveaux partenaires tout en réévaluant d'autres relations établies afin de s'adapter au changement et d'optimiser leurs intérêts.

La promotion des idéaux démocratiques, des droits de l'homme et de la croissance économique est également un exemple de la manière dont les États-Unis peuvent avoir un impact positif sur le Moyen-Orient. Soutenir des causes qui améliorent le niveau des opportunités politiques et économiques disponibles pour les citoyens qualifiés propulsés par les États-Unis servira les valeurs américaines tout en servant d'importants objectifs à long terme.

Le Moyen-Orient est une région complexe, aux multiples facettes et nuances complexes. Toute tentative de compréhension et d'exploitation des opportunités liées à cette région exige une diplomatie disciplinée et une compréhension fine des relations et des intérêts. Toutefois, avec une stratégie claire définissant leurs intérêts, les États-Unis peuvent aligner leurs objectifs et jouer un rôle central dans la mise en place de développements bénéfiques dans la région.

Politique intérieure américaine et politique à l'égard du Moyen-Orient

L'alignement entre la politique intérieure et la politique étrangère, en particulier en ce qui concerne le Moyen-Orient, est d'une importance capitale pour les relations internationales. Le climat politique des États-Unis a toujours influencé leur politique au Moyen-Orient, cette région étant souvent considérée comme le théâtre d'une compétition entre superpuissances. La question de la politique intérieure américaine concernant la politique à l'égard du Moyen-Orient nécessite un examen plus approfondi dans le cadre d'une analyse en profondeur. Dans ce cas, les groupes d'intérêt, les lobbies pro-israéliens, les partisans de l'énergie et même les groupes de défense des droits de l'homme jouent un rôle crucial. Ces groupes ont mis en place des intérêts exprimés qui leur permettent d'influencer la politique étrangère américaine par le biais du financement des campagnes, du travail de lobbying et des coalitions.

En outre, la perception américaine du Moyen-Orient et l'image publique des conflits sont façonnées par les médias et peuvent avoir un impact sur l'attention et l'importance qui leur sont accordées. La manière dont les confrontations, les amitiés et les relations diplomatiques sont présentées peut avoir un effet distinct sur les décisions prises par les Américains chargés de ces questions. D'autre part, les aspects stratégiques de la politique, liés à des aspects civils tels que la sécurité, le commerce ou l'énergie, fusionnent également la politique internationale avec les affaires intérieures.

Ainsi, chaque administration présidentielle doit trouver un

moyen d'équilibrer ces fils de relations géostratégiques complexes avec les intérêts nationaux du pays. Comprendre les effets de la guerre d'Irak sur les perceptions du public et l'impact du lobby pro-israélien sur les politiques américaines concernant Israël et la Palestine souligne l'importance de l'imbrication de la politique intérieure dans la politique du Moyen-Orient. La partisanerie qui caractérise le paysage politique américain rend également plus difficile la formulation de politiques cohérentes et uniformes à l'égard de la région. Les politiques des pays du Moyen-Orient fluctuent en fonction du parti politique qui exerce le contrôle sur ces pays. Il y a donc peu de cohérence dans le cadre d'une politique étrangère ferme. La dynamique volatile qui en résulte a des répercussions sur la stabilité, les alliances régionales et les objectifs stratégiques à long terme.

En outre, les différents degrés de l'idéalisme américain, de l'interventionnisme à l'isolationnisme pur et simple, signifient que les débats politiques concernant le Moyen-Orient ont de multiples facettes. L'intégration de ces divers cadres et des intérêts nationaux américains exige une diplomatie habile et des capacités de leadership remarquables. Par conséquent, démêler les complexités des intérêts américains dans la région et comprendre les conséquences des affaires intérieures américaines peut aider à comprendre les politiques du Moyen-Orient.

Réactions mondiales : alliés et adversaires

Dans le monde entier, alliés et adversaires ont eu des réactions différentes après le retour de Donald Trump sur la scène politique américaine. Il est important d'analyser ces réactions pour comprendre les conséquences d'une deuxième présidence de Donald

Trump sur la géopolitique internationale, en considérant la région du Moyen-Orient. Les pays alliés de la région, comme Israël et l'Arabie saoudite, ont manifesté des sentiments mêlés d'excitation et d'espoir. Ces pays ont entretenu des relations étroites avec M. Trump lors de son premier mandat, en raison de leurs inquiétudes communes concernant l'expansionnisme de l'Iran et la nécessité de renforcer les relations commerciales internationales. Le retour attendu à une politique étrangère américaine plus énergique et plus axée sur les accords, dont certains analystes s'attendaient à ce qu'elle s'aligne sur les intérêts de ces pays, a été accueilli positivement par certaines factions. À l'inverse, des adversaires plus traditionnels des États-Unis, tels que l'Iran et des acteurs non étatiques comme le Hezbollah et le Hamas, ont exprimé leur inquiétude face à une éventuelle résurgence de l'administration Trump. La région pourrait être influencée par des sanctions sévères, telles que celles imposées à l'Iran, et par les accords internationaux qui ont modifié la région, tels que les accords d'Abraham, conclus au cours du premier mandat de Trump.

En outre, leurs alliés européens, ainsi que les observateurs mondiaux tels que la Chine et la Russie, recalibrent actuellement leur influence régionale et leurs stratégies géopolitiques en prévision d'une possible réapparition de la présidence Trump. Même si, en théorie, l'Europe est aux côtés des États-Unis, comme la plupart des pays européens, elle s'est historiquement séparée lorsqu'il s'agit du Moyen-Orient, notamment des relations israélo-palestiniennes et de l'Iran. La combinaison des relations fracturées entre les États-Unis et l'Europe avec le mandat précédent de Trump a abouti à un scénario de profonde incertitude pour les alliés européens. La Chine et la Russie, qui possèdent leurs propres intérêts stratégiques concurrents au Moyen-Orient, ont par le passé réorienté leurs politiques afin d'atténuer les impacts possibles des politiques de Trump. Par conséquent, tout changement suggérant un réalignement des politiques américaines pourrait les contraindre à réviser leurs stratégies en un rien de temps. Le réseau plutôt complexe de réactions à des changements de politique isolés souligne la nécessité de stratégies de politique étrangère plus nuancées, axées sur le Moyen-Orient, et pourquoi les relations mondiales doivent être considérées comme une matrice entrelacée.

Cadres comparatifs : Biden contre Trump

Il existe une différence intéressante entre les politiques étrangères de l'actuel président Joe Biden et de l'ancien président Donald Trump en ce qui concerne l'accent mis sur le Moyen-Orient. Ces deux personnalités ont fondamentalement changé d'attitude, d'approche et de domaine d'intervention, ce qui a créé et créera certaines dépendances et certains héritages dans cette région.

Sous la présidence de Trump, la mentalité d'homme d'affaires du président a changé la donne de la diplomatie et entraîné des changements majeurs dans la politique du Moyen-Orient. Son retrait de l'accord sur le nucléaire iranien et son soutien zélé aux accords d'Abraham ont clairement montré que sa confrontation avec l'Iran ne permettrait pas de conclure des accords et qu'elle se concentrerait plutôt sur de nouvelles alliances. En outre, sa politique a favorisé les relations avec quelques pays du Moyen-Orient, plus particulièrement Israël et l'Arabie saoudite, ce qui constitue un changement de cap par rapport aux politiques américaines de longue date.

Contrairement à Biden, qui a cherché à rétablir les relations avec les alliés après l'administration Trump par la diplomatie et une approche multilatérale, le fait de se réengager auprès des institutions internationales et de donner la priorité à la diplomatie dans la résolution des conflits suggère un changement par rapport à l'approche diplomatique agressive de son prédécesseur. Plus important encore, il y a un changement frappant dans la rhétorique, avec un engagement en faveur des droits de l'homme et des valeurs démocratiques dans la politique étrangère de l'administration Biden.

L'un des legs les plus remarquables de ces deux administrations est sans doute leur position différente sur le conflit israélo-palestinien. Tout en maintenant une position pro-israélienne et en soutenant les politiques expansionnistes de son gouvernement, Trump lui a accordé un soutien inconditionnel. De l'autre côté du spectre politique, Joe Biden a fait part de sa volonté de rétablir le financement de l'aide aux Palestiniens tout en soutenant la solution des deux États, ce qui indique clairement une rupture avec la politique du nadir de l'administration précédente.

En outre, l'approche de chaque président à l'égard du régime iranien a été très différente. En retirant les accords multilatéraux, Trump a mis en place une campagne de pression sous forme de sanctions économiques, tandis que Biden a tenté de reprendre les discussions diplomatiques tout en maintenant les sanctions. Ces approches divergentes soulignent des convictions sous-jacentes différentes quant à l'efficacité de l'engagement diplomatique et des mesures coercitives.

Ainsi, la différence d'approche entre les administrations Trump et Biden concernant le Moyen-Orient offre un exemple frappant de la dynamique des relations internationales américaines et des stratégies employées pour parvenir à un équilibre régional. En analysant ces deux approches, il est possible de se faire une idée de la complexité des interventions américaines au Moyen-Orient et des conséquences prévues et imprévues qu'elles pourraient avoir à l'avenir.

Objectifs et limites pour l'avenir

Lorsque l'on étudie la politique étrangère américaine en mettant l'accent sur le Moyen-Orient, il est essentiel de fixer des objectifs et des contraintes spécifiques susceptibles de guider les décideurs politiques dans l'élaboration de stratégies pour les étapes à venir. Après les administrations Biden et Trump, le défi sera de maintenir l'équilibre dans la région, assurer la sécurité nationale, maintenir les coalitions mondiales et aborder les caractéristiques distinctes du Moyen-Orient.

L'une des principales priorités consistera à renouer le dialogue avec des alliés stratégiquement importants tels qu'Israël, l'Arabie saoudite et les Émirats arabes unis, d'une manière qui favorise un engagement proactif. Dans le même temps, la nouvelle administration devra s'éloigner des stratégies diplomatiques bellicistes tout en gardant à l'esprit les blessures historiques que les dynamiques de pouvoir sensibles ont façonnées géopolitiquement dans la région.

Par ailleurs, une approche nuancée des conflits régionaux complexes, en particulier du conflit israélo-palestinien et des guerres par procuration en cours de l'Iran, est essentielle pour faire avancer les intérêts stratégiques des États-Unis au Moyen-Orient. Cet équilibre consiste à promouvoir des intérêts divergents, les droits de l'homme et les idéaux démocratiques, et à limiter les actions déstabilisatrices sans s'engager de manière excessive ou revenir à l'unilatéralisme.

Ces objectifs optimistes sont toutefois limités par des contraintes inhérentes : les différends régionaux entre les puissances régionales et la présence de puissances extérieures. La reconnaissance de ces limites exige une approche responsable de la politique qui cherche à maximiser les objectifs restreints avec des conséquences minimales. Cette approche nécessite un recalibrage prudent du rôle des États-Unis au Moyen-Orient sur la base de cadres multilatéraux et d'une compréhension approfondie de la région.

Par ailleurs, l'évolution du système énergétique et son importance dans le contexte géopolitique du Moyen-Orient ont des répercussions à la fois positives et négatives sur la politique américaine. La manière dont l'Amérique concilie le besoin d'indépendance énergétique avec ses relations avec les alliés et les besoins du marché mondial restera un élément essentiel du calcul stratégique à l'avenir.

Dans le cadre de ces ambitions et de ces contraintes, les États-Unis doivent se doter d'une stratégie holistique et tournée vers l'avenir, qui dépasse les clivages politiques nationaux et les dirigeants individuels. Un soutien et un accord bipartisans solides au-delà des frontières internationales seront essentiels pour relever les nombreux défis et saisir les opportunités dans le paysage en constante évolution du Moyen-Orient.

2
Évaluation du premier mandat de Trump
Les bases d'un second pari

Aperçu des objectifs de la politique au Moyen-Orient

Au cours de son premier mandat, l'administration Trump a développé et approfondi de manière proactive des alliances stratégiques au Moyen-Orient, ce qui a eu un impact significatif sur la région et les intérêts américains. Qu'il s'agisse de renforcer les relations avec des partenaires traditionnels tels qu'Israël et l'Arabie saoudite ou d'entretenir des liens avec des épicentres régionaux de puissance comme les Émirats arabes unis, l'accent a été mis sur la collaboration avec des acteurs clés en vue d'objectifs synergiques.

Les États-Unis ont cherché à améliorer la stabilité, à contenir les forces malveillantes et à renforcer la croissance économique dans la région. Cette section met en lumière les différentes alliances qui ont été conclues et les mécanismes conçus pour utiliser ces alliances afin de promouvoir les intérêts américains dans la région. Elle analyse également les résultats et les défis de ces actions.

Alliances stratégiques formées et renforcées

Au cours du premier mandat de Donald Trump, les États-Unis se sont concentrés sur le développement et le renforcement des partenariats stratégiques au Moyen-Orient. L'administration a cherché à renforcer les partenariats existants tout en en formant de nouveaux pour faire face aux problèmes émergents dans la région. L'un des principaux succès de cette politique a été l'élargissement des accords d'Abraham, une étape importante dans la modification des relations diplomatiques dans la région. Les accords de normalisation entre Israël et un certain nombre de pays arabes ont non seulement rééquilibré l'équilibre des pouvoirs dans la région, mais ont également renforcé la collaboration entre d'anciens ennemis, offrant ainsi des perspectives prometteuses pour les relations diplomatiques futures au Moyen-Orient.

Outre les accords d'Abraham, la présidence Trump a également mis l'accent sur le renforcement des alliances existantes avec l'Arabie saoudite, les Émirats arabes unis et Israël. Il s'agit notamment de maintenir le soutien à la sécurité et d'élargir le champ des relations économiques et de la coopération sur les questions de sécurité. La stratégie de l'administration visant à forger une coalition d'alliés pour contrer les menaces communes et contribuer à la stabilisation du Moyen-Orient est remarquable.

Outre les engagements interétatiques habituels, l'administration s'est efforcée de nouer des relations avec des entités non étatiques, en particulier dans le domaine de la sécurité et de la lutte contre le terrorisme. Les relations avec des acteurs régionaux de premier plan, tels que les membres du Conseil de coopération du Golfe (CCG) et la Jordanie, ont mis en évidence l'engagement de l'administration en faveur d'objectifs de sécurité communs et de la stabilisation régionale.

Les ramifications des partenariats ont été ressenties dans divers domaines, tels que les relations militaires, diplomatiques et commerciales. Ces nouveaux partenariats stratégiques ont permis à l'Amérique de mieux contrôler la région et, dans le même temps, de créer des conditions économiquement avantageuses pour plusieurs pays, augmentant ainsi la prospérité mutuelle. Ils ont également servi de piliers pour résoudre les difficultés de la région, notamment en limitant l'expansionnisme agressif de l'Iran, le terrorisme et d'autres formes d'extrémisme.

Néanmoins, les alliances du premier mandat ont suscité des controverses et des critiques. Certains des aspects les plus contestés tournaient autour de l'absence de relations multilatérales par rapport à certaines relations unilatérales déjà existantes, axées sur les questions des droits de l'homme. À l'instar de nombreux autres mouvements unilatéraux, l'accent mis sur la création d'alliances axées sur les transactions a été fortement critiqué en ce qui concerne la longévité des partenariats formés.

À l'approche d'un second mandat, la question de la continuité et du changement concernant les alliances stratégiques formées par l'administration s'est posée. Beaucoup de spéculations et de débats ont eu lieu sur la manière dont les alliances conclues au cours du premier mandat seraient modifiées et utilisées en fonction de l'évolution des réalités régionales et des nouvelles tensions.

Changements dans la stratégie militaire et la posture de défense

Le Moyen-Orient est depuis longtemps au cœur de l'une des régions où les États-Unis ont concentré leur attention sur la stratégie militaire et la posture de défense, ce qui a été encore plus prononcé pendant la présidence de Trump. L'un des changements notables a été le recalibrage de la présence militaire dans la région, parallèlement à un accent accru sur le partage du fardeau. Cela s'explique en partie par la doctrine « America First » de l'administration, qui cherche à réduire les implications étrangères des États-Unis en subventionnant les alliés régionaux pour qu'ils deviennent plus proactifs dans leur défense. Le déploiement et les bases des troupes ont été redéployés pour consolider efficacement les ressources et remodeler les engagements. En outre, l'administration a tenté d'adopter les nouvelles technologies et la guerre asymétrique pour faire face aux menaces émergentes dans la région. Elle a tenté de répondre aux nouveaux défis sécuritaires en développant et en déployant de nouveaux systèmes de défense antimissile, des capacités de cyberguerre et des systèmes militaires avancés. Par ailleurs, l'approche globale de l'action militaire qui existait auparavant a été remplacée par une approche plus sélective et délibérée, caractérisée par l'utilisation stratégique de frappes aériennes et de frappes militaires limitées pour signaler la nouvelle approche.

Par ailleurs, l'administration Trump a modifié ses politiques de vente d'armes en accordant une attention particulière aux processus rationalisés et à la flexibilité accrue pour le transfert d'articles de défense à des partenaires prééminents dans la région. Cette stratégie a renforcé les capacités des alliés, favorisant la coordination et la synergie des coalitions entre les puissances régionales. Néanmoins, ces changements de stratégie militaire et de posture de défense ont suscité certaines critiques en raison des conséquences négatives qu'ils pourraient entraîner, telles qu'une augmentation des tensions régionales et des courses aux armements. Bien que le réalignement des forces militaires ait eu pour but de réaliser des économies d'échelle en réduisant les coûts et les engagements de dépenses à long terme, il a également créé le risque d'envoyer des signaux incohérents sur les engagements de sécurité durables de l'Amérique envers ses alliés. Par ailleurs, l'application sélective de la force militaire destinée à éviter des conflits interminables risquait d'accroître le risque d'élargissement du champ d'action et de résultats imprévus. Les changements apportés par l'administration Trump à la stratégie militaire et à la posture de défense ont laissé une politique américaine stratifiée et complexe au Moyen-Orient, à travers le prisme des intérêts stratégiques, où le mélange de repli et de renforcement a été appliqué pour maintenir la stabilité et la sécurité nationale.

Politiques économiques et stratégie énergétique

L'approche de l'administration Trump à l'égard du Moyen-Orient combine des politiques économiques et des stratégies liées à l'énergie, visant à remodeler des considérations géopolitiques et de sécurité plus larges. Cette approche met l'accent sur la capitalisation de la domination énergétique actuelle des États-Unis, en particulier dans la production de pétrole et de gaz naturel. L'un des points les plus remarquables de la politique économique a été de commercialiser les exportations énergétiques américaines afin de renforcer l'indépendance énergétique des alliés régionaux et de contrer les puissances énergétiques ordinaires dans la région. En outre, des politiques ont été élaborées pour contrer tout fournisseur ou itinéraire unique, afin de renforcer le cadre énergétique mondial, de diversifier les sources d'énergie et les itinéraires par lesquels elles sont acheminées. L'administration a également utilisé les sanctions et les restrictions commerciales comme outils de diplomatie économique pour soutenir les objectifs politiques et modifier le comportement des homologues régionaux.

C'est ce qui ressort de l'application de sanctions sélectives aux entreprises qui s'opposent aux intérêts américains, comme celles qui sont impliquées dans les activités nucléaires et de missiles de l'Iran. En outre, les relations commerciales de la région avec l'économie mondiale ont influencé le déclin de la Chine, les accords renégociés et le déclenchement d'une guerre commerciale avec Pékin ayant également eu des conséquences considérables. Ces efforts s'inscrivent dans un cadre conçu pour faire progresser les relations diplomatiques et renforcer les alliances de sécurité au Moyen-Orient en recourant à la force économique. La combinaison des stratégies économiques et énergétiques sous l'administration Trump a reçu des éloges et des réactions négatives de la part des deux partis. Les partisans soulignent l'intention et l'audace affichées, tandis que les sceptiques s'interrogent sur la viabilité et les conséquences de telles décisions. Il est clair que le fait de recalibrer l'économie tout en lui insufflant du dynamisme entraînera des changements dans la politique étrangère des États-Unis à l'égard du Moyen-Orient, et que ce processus modifiera de manière imprévisible l'économie et le positionnement géopolitique de la région.

Engagements diplomatiques et traités

Le premier mandat du président Trump s'est accompagné de nouveaux engagements diplomatiques et de traités avec les pays du Moyen-Orient, contrairement à tous les autres présidents précédents. L'administration a mis en œuvre une politique de diplomatie transactionnelle, dans le cadre de laquelle la puissance américaine était utilisée dans les relations internationales lorsqu'elle était bénéfique pour les États-Unis et leurs alliés. La réussite diplomatique la plus saluée est sans doute la signature des accords d'Abraham en 2020, qui ont normalisé les relations entre Israël, les Émirats arabes unis et Bahreïn. L'importance de cet accord réside dans le fait qu'il a fondamentalement changé la géopolitique du Moyen-Orient en ouvrant la voie à une coopération plus poussée en matière de commerce, de sécurité et même d'échanges culturels. En outre, pendant la présidence de Trump, ce dernier a entamé des négociations très agressives avec la Corée du Nord dans l'espoir d'atténuer la menace nucléaire à long terme du régime. Bien qu'aucun accord de dénucléarisation n'ait été conclu, c'était un signe que le gouvernement poursuivait des options diplomatiques non traditionnelles. Par ailleurs, au cours de ce mandat, les relations diplomatiques du Soudan ont été modifiées, passant du statut d'État soutenant le terrorisme à celui d'État soutenant simplement le terrorisme. Cette décision a grandement amélioré les relations internationales du Soudan et a stimulé la croissance économique du pays africain.

Pour résoudre les problèmes liés aux conflits israélo-palestiniens, l'administration a introduit un plan de paix unique qui visait à recadrer les stratégies de négociation afin de créer des voies vers des solutions durables. Bien que ce plan n'ait pas été bien accueilli par tous, il a mis en évidence l'approche proactive de l'administration pour traiter les différends persistants. Un autre facteur a été la manière dont l'engagement diplomatique a repensé les partenariats établis dans la région. L'administration s'est efforcée sans relâche de repenser les relations avec les principaux partenaires régionaux, en leur demandant d'assumer davantage de responsabilités en matière de stabilité et de soutien dans d'autres zones de la région. Les politiques de l'administration ont été à l'origine de nombreux problèmes, mais elles ont également inspiré certains changements qui ont renforcé la coordination des efforts régionaux.

Plus important encore, l'administration s'est concentrée sur les mouvements agressifs de l'Iran et sur la propagation des mouvements mandataires, en travaillant vigoureusement à la mise en place d'une coalition qui s'engagerait à faire face aux activités déstabilisatrices de l'Iran. Ces efforts ont débouché sur un partenariat international visant à protéger d'importantes routes commerciales et à limiter les hostilités iraniennes. Dans l'ensemble, les traités et les engagements de l'administration Trump ont indéniablement été considérés comme une rupture par rapport aux pratiques précédentes, tout en étant plus agre

Analyse des sanctions et des pressions économiques

Sanctionner et faire pression économiquement sur un État est une nécessité stratégique pour atteindre des objectifs géopolitiques plus larges, et c'est une composante majeure de la politique moyen-orientale sous Trump. Son administration, avec une vision claire à long terme, a mis en place des sanctions de manière

unilatérale et a collaboré avec d'autres pays pour les mettre en
œuvre, tout en travaillant à la réalisation de différentes stratégies
qui ciblaient l'Iran. L'objectif global était de mettre un terme au
programme nucléaire iranien, de restreindre le soutien aux mandataires militants de l'Iran et d'amener le régime à changer d'attitude.

Ces sanctions, qui s'inscrivent dans une stratégie globale, ont
pris la forme de sanctions individualisées « ciblées » et de sanctions économiques globales qui ont touché des pans entiers de
l'économie iranienne. Cette double approche était censée causer
des dommages économiques au gouvernement iranien, mais contribuer au bien-être de la population en général. Néanmoins, cette
approche dans son ensemble est extrêmement controversée et fait
l'objet de vifs débats.

Certains défenseurs des droits humains ont exprimé leur mécontentement à l'égard des sanctions économiques, affirmant
qu'elles ont aggravé les souffrances des Iraniens sans modifier le
comportement de l'élite dirigeante. Parallèlement à ces problèmes,
il a été difficile d'appliquer des sanctions à l'encontre des pays qui
ont voulu défier les restrictions américaines et faire des affaires
avec l'Iran. Ces questions ont mis en évidence les difficultés liées
à l'utilisation de la coercition économique comme seul outil de
diplomatie.

Dans le même temps, les théoriciens pro et anti-sanctions ont
analysé en profondeur la question de savoir si les sanctions ont
produit les résultats stratégiques escomptés. Les partisans des
sanctions sont fermement convaincus que l'économie iranienne a
été durement touchée par les activités gravement déstabilisatrices
menées dans la région et que la main malveillante de l'Iran est
aujourd'hui contrainte de s'asseoir à la table des négociations. Ils
pensent également que des crises économiques constantes peuvent

pousser les dirigeants iraniens à changer de politique étrangère, au moins dans un avenir lointain.

Compte tenu des divergences d'opinion, il est essentiel de bien comprendre l'impact des sanctions. Il faut pour cela comprendre l'intersection des sanctions économiques, de la stabilité régionale et de la concurrence géopolitique. Il convient également d'analyser les conséquences involontaires et les retombées des mesures sur les principaux acteurs de la région du Moyen-Orient. Alors que la situation continue d'évoluer, la compréhension des effets des sanctions et de la coercition économique sera essentielle pour comprendre la structure complexe de la géopolitique du Moyen-Orient.

Critiques et controverses

À l'instar d'autres régions du monde, l'approche de l'administration Trump en matière de politique moyen-orientale a fait l'objet d'un examen minutieux et a été confrontée à certaines critiques. L'un des sujets qui a suscité de nombreux débats est la gestion des relations essentielles dans la région. D'une part, des efforts ont été déployés pour renforcer les relations avec certains alliés, tels qu'Israël et l'Arabie saoudite. D'autre part, les relations avec des partenaires historiques, tels que la Turquie et le Qatar, ont été fortement endommagées. Ce changement de stratégie a été critiqué car il déstabilise la région et complique la résolution des problèmes de sécurité mutuelle.

La décision de se retirer de l'accord sur le nucléaire iranien a suscité de vives controverses et des réactions mitigées. D'une part, certains critiques affirment que cela pourrait aggraver la violence existante dans la région et réduire les chances de résolution diplomatique. D'autre part, les partisans de l'accord affirment qu'il est essentiel de s'attaquer aux activités déstabilisatrices de l'Iran. Le retrait et les nouvelles sanctions ont provoqué de vives divisions parmi les acteurs internationaux et régionaux, suscitant des inquiétudes quant aux conséquences de la campagne de « pression maximale » sur l'Iran.

L'approche de l'administration américaine à l'égard du conflit israélo-palestinien a également été examinée. La décision d'accepter Jérusalem comme capitale d'Israël, associée au transfert de l'ambassade américaine de Tel-Aviv à Jérusalem, a suscité l'indignation des Palestiniens et d'une grande partie du monde. Les partisans de cette position ont affirmé qu'il s'agissait d'une démonstration sans précédent du soutien ferme des Américains à Israël. Dans le même temps, ses détracteurs estiment qu'elle a alimenté une violence extrême dans une région déjà instable et a compromis tout espoir de résolution pacifique du conflit.

En outre, l'interaction de la diplomatie avec le reste des politiques de l'administration a soulevé des questions quant à la cohérence et à l'homogénéité de la stratégie américaine au Moyen-Orient. La recherche de profits à court terme par le biais d'approches transactionnelles a été critiquée, car elle est source d'ambiguïté et de volatilité et qu'elle érode la crédibilité des États-Unis en tant que partenaire fiable.

Les controverses et les débats qui entourent les politiques montrent que la région est complexe et difficile à comprendre. L'approche de Trump est controversée. Certains y voient une correction désordonnée des intérêts américains. D'autres, en revanche, mettent en garde contre les risques de dérapage et les conséquences imprévues qui pourraient découler de ces décisions et actions litigieuses.

Principaux succès et réalisations

Au cours de la présidence Trump, plusieurs réalisations et avancées notables ont eu lieu dans la politique moyen-orientale. Tout d'abord, la négociation et la mise en œuvre des accords d'Abraham se distinguent comme une lueur d'espoir, permettant à Israël d'établir des relations diplomatiques avec plusieurs pays arabes. Cet accomplissement a non seulement renforcé la stabilité de la région, mais a également révélé le potentiel d'autres domaines de coopération et d'engagement dans la région.

Deuxièmement, la position que le gouvernement saoudien s'est imposée à l'égard de l'Iran correspond parfaitement à la campagne menée par l'administration américaine contre l'Iran : la politique de « pression maximale ». Les milices soutenant le terrorisme et financées par l'Iran ont diminué, ce qui a permis d'accroître la sécurité régionale et de réduire l'influence négative de l'Iran. Étrangement, ces attentes ont été plus que satisfaites.

Parallèlement, la question israélo-palestinienne concernant le développement économique de la Palestine a donné lieu à la publication du plan « De la paix à la prospérité ». Ce plan a principalement été rejeté, mais il tentait de résoudre des problèmes qui existaient depuis des décennies et de créer une base pour investir en Palestine afin de servir de préparation pour d'éventuels plans et négociations futurs.

Enfin, ces relations stratégiques ont non seulement équilibré l'hostilité iranienne, mais elles ont également renforcé le pouvoir des États-Unis dans la région. C'est ce qu'ont fait ces pays, contrairement à la croyance populaire, puisque les États-Unis les ont ouvertement soutenus. Les contrats d'armement qui peuvent être conclus dans le cadre de ces accords et la sécurité offerte aux monarchies ont considérablement accru leurs besoins. Ces gouvernements, en particulier les Saoudiens, ont cherché à se protéger de l'expansionnisme iranien et ont payé cher pour se protéger d'un extrémisme politique agressif.

Les effets secondaires de la revitalisation du secteur énergétique et des efforts de domination des États-Unis ont entraîné une restructuration du marché pétrolier, ce qui a élargi le paysage énergétique mondial et diminué le pouvoir des concurrents riches en pétrole au Moyen-Orient. Les nations ennemies ont également dû soutenir les opportunités d'investissement économique des États-Unis, ce qui a directement contribué à la coopération économique dans la région du Moyen-Orient.

En outre, le Moyen-Orient a connu une restauration de sa sécurité et de sa stabilité primaires grâce aux actions militaires ciblées entreprises par le gouvernement américain contre l'État islamique, qui avait limité ses capacités opérationnelles.

La réussite de ces initiatives a grandement profité aux États-Unis sur les plans politique et économique, tout en démontrant leur habileté à relever les nombreux défis complexes au Moyen-Orient, ce qui a fondamentalement modifié la politique et la sécurité de la région.

Défis et enseignements

La gestion de la région du Moyen-Orient par M. Trump a rencontré de nombreux obstacles et a permis de tirer des enseignements utiles. L'un des défis les plus importants a consisté à régler les différends historiques et les hostilités féroces qui sévissent dans la région. La question israélo-palestinienne, par exemple, est l'un des problèmes profondément enracinés dont la résolution est très difficile et prend beaucoup de temps, ce qui constitue une difficulté majeure dans les tentatives d'instauration de la paix. En outre, il est toujours difficile d'équilibrer les intérêts américains tout en s'engageant avec les puissances régionales, ce qui nécessite des manœuvres politiques et une diplomatie sophistiquées.

En plus de ce qui précède, il existe un autre défi important : le développement des relations régionales d'antagonisme et d'amitié. La région du Moyen-Orient est en constante évolution en raison de l'environnement géopolitique et des efforts et intentions de tous les acteurs locaux et internationaux. Cette question est géopolitiquement contrainte et compliquée en raison de l'histoire riche de la région et de la multitude d'acteurs aux objectifs divergents.

Comprendre les subtilités du conflit israélo-palestinien, par exemple la disproportion, souligne la nécessité de la médiation et de méthodes interculturelles compréhensibles qui s'attaquent aux animosités profondément enracinées dans les deux camps. La valeur des enseignements tirés de ces défis est suffisamment instructive pour définir des plans et des stratégies. En outre, les alliances régionales circonflexes prétendent se concentrer sur la nature en constante évolution de la politique mondiale au Moyen-Orient, ce qui exige un changement constant et une orientation proactive.

Le mélange distinct d'intérêts économiques, de défis sécuritaires et de barrières diplomatiques de cette région souligne la nécessité d'adopter des approches intégratives qui tirent parti des opportunités existantes en équilibrant relations et réponses aux défis articulés. La sagesse intégrale du Moyen-Orient devrait être centrée sur ces principes directeurs acquis par des entreprises rigoureuses et des réflexions approfondies sur les dures réalités.

Concernant le second mandat de Trump

Le monde est confronté aux répercussions possibles du retour de Trump au pouvoir, en particulier en ce qui concerne la position de l'Amérique au Moyen-Orient. Comme pour toute nouvelle initiative, la poursuite du premier mandat nécessiterait une analyse minutieuse de ce qui a été fait au cours du mandat précédent et de ce qui doit être fait pour aller de l'avant dans la région. Les changements de politique parmi les alliés traditionnels et les nouveaux partenaires émergents, dont les conflits et les problèmes de sécurité ne sont pas résolus, constituent une importante remise en question à laquelle il convient de s'intéresser. La définition et la mise en œuvre des réponses politiques deviennent très complexes en raison des réalités géopolitiques changeantes et de l'évolution régionale. L'élaboration d'une réponse cohérente à la domination énergétique, à la stabilité économique régionale et à l'affirmation d'une intervention militaire est cruciale pour que les États-Unis puissent assurer un meilleur avenir au Moyen-Orient.

En outre, le fait de s'engager avec l'Iran tout en essayant de ne pas permettre à ce pays de déstabiliser davantage la région reste une question très sensible qui nécessite une solution sophistiquée. Le rôle de la diplomatie transactionnelle pratiquée à l'égard des clients régionaux et des acteurs internationaux doit être étudié avec soin pour répondre à la nécessité de protéger les intérêts fondamentaux tout en ignorant délibérément les intérêts stratégiques.

Par ailleurs, l'élaboration de stratégies crédibles pour faire face à la rivalité des grandes puissances, en particulier avec la Chine et la Russie, est essentielle pour protéger les intérêts des États-Unis au Moyen-Orient. Il est possible d'évaluer l'impact des politiques précédentes, ce qui permet à un second mandat d'être plus flexible et imaginatif lorsque le changement est souhaitable. L'adminis-tration peut gérer de manière proactive les défis inconnus et tirer parti de nouvelles opportunités au Moyen-Orient en intégrant les résultats positifs du premier mandat, en reconnaissant les résultats négatifs et en utilisant l'expérience du premier mandat. Après tout, les ramifications d'un second mandat expliquent la nécessité d'une stratégie approfondie et intégrée, alliant diplomatie, vision et con-naissance des caractéristiques nuancées de la région.

3

Les accords d'Abraham

Expansion et implications

Aperçu des accords d'Abraham

L'invocation des accords d'Abraham marque un nouveau sommet dans l'histoire du Moyen-Orient en transcendant les frontières de la haine et des conflits enracinés dans le territoire. Ce sont les États-Unis, acteur clé de la politique mondiale, qui ont été à l'origine de cette avancée, en cherchant à réduire les hostilités dans la région du Moyen-Orient par la normalisation des liens entre Israël, une nation arabe située entre le golfe de Jordanie, les Émirats arabes unis et le Bahreïn. Cette évolution a également été encouragée par de nouveaux accords avec d'autres pays voisins, le traité ayant été signé en septembre 2020. Bien qu'espérée, cette « vision » révolutionnaire a été jugée sans précédent par de nombreux analystes et citoyens du Moyen-Orient affiliés à la région.

Les accords ont été conclus parce que toutes les parties concernées se sont alignées stratégiquement sur les objectifs économiques sans enfreindre les mesures de sécurité. Ils reflètent la nécessité de se concentrer sur les populations plus jeunes et les économies émergentes de la région, qui succombent à la mondialisation. Ces accords incarnent donc la volonté d'adopter une approche de la gouvernance plus innovante et optimiste au Moyen-Orient, axée sur l'amélioration et la dépendance à l'égard du travail « au-delà des récits sacrés du passé ». À mesure que les avantages qui accompagnent les accords deviennent plus attrayants, les incitations à les adopter ne feront que croître.

En outre, l'inauguration des accords d'Abraham a stimulé un changement dans la perception commune du Moyen-Orient et a créé une nouvelle compréhension des possibilités et de la collaboration au sein de la région. Elle a suscité un discours sur la possibilité d'utiliser des approches collaboratives pour résoudre les problèmes régionaux existants, notamment en utilisant les ressources disponibles et en cultivant des relations qui favorisent l'interdépendance.

Cette avancée est importante pour les pays signataires et le reste du monde, car elle crée des opportunités de renforcement de l'interdépendance, de la prospérité et de la sécurité.

La relation multidimensionnelle des accords, qui allient diplomatie, commerce, sécurité et interaction culturelle, illustre les efforts déployés pour établir des relations solides et durables. Cela montre qu'une coopération continue n'est possible que si un cadre global est élaboré au-delà des motivations politiques, en tenant compte des besoins et des points de vue des autres parties intéressées.

C'est pourquoi les accords nous rappellent ce qu'il est possible de faire grâce à des relations historiquement respectueuses, compréhensives et bénéfiques entre des nations aux points de vue divergents.

En résumé, le passage du conflit à la coopération, tel qu'il est décrit dans les accords d'Abraham, est l'histoire d'une détermination durable, d'un pragmatisme et d'une vision audacieuse. Il illustre la capacité de transformation d'Israël et sa quête permanente d'une coexistence pacifique. Un examen plus approfondi des accords révèle que leurs implications vont bien au-delà de tout avantage tangible et qu'ils constituent un symbole d'espoir et d'opportunité dans une région caractérisée par des tensions et des conflits chroniques. Ils ont le potentiel de transformer le Moyen-Orient en une région de stabilité et de prospérité.

Contexte historique : du conflit à la coopération

Les conflits majeurs et les luttes géopolitiques au Moyen-Orient ont conduit à la signature des accords d'Abraham. Le Moyen-Orient a toujours été connu pour ses conflits territoriaux et ses luttes de pouvoir entre différentes nations. Israël est devenu un État souverain en 1948. Cet événement a engendré une hostilité profondément enracinée et des guerres avec les pays arabes voisins. Le conflit israélo-palestinien, considéré jusqu'à aujourd'hui comme l'un des plus controversés au monde, a jeté de l'huile sur le feu. Il s'articule autour de conflits de propriété, de violence et de nationalisme. Le paysage de la région est également marqué par les guerres par procuration, les luttes entre superpuissances et le chaos. La difficulté à comprendre le contexte historique des accords d'Abraham ravive l'espoir dans ces conflits qui font rage. D'autre part, ces accords sont les premiers traités signés par Israël avec des pays qu'il a combattus et qu'il considère comme des ennemis. Il s'agit d'une première étape vers la paix et d'une étape vers l'instauration d'une paix stable et durable dans la région.

Les accords témoignent d'une capacité à mettre de côté les griefs historiques et à établir des relations diplomatiques fondées sur des objectifs communs en vue de la stabilité et de la prospérité. En analysant l'histoire, on peut apprécier les schémas frappants de méfiance, les points d'inflexion perdus et les pivots délibérés qui ont conduit à l'accomplissement remarquable des accords d'Abraham. Il est tout aussi important d'apprécier la complexité du passé pour comprendre les grandes lacunes de sens concernant l'évolution de la diplomatie et de la collaboration au sein de la région. Le contexte diplomatique est indispensable pour évaluer l'ampleur du changement apporté par cet accord profondément enraciné et pour déterminer les répercussions possibles des accords sur l'avenir du Moyen-Orient.

Acteurs clés et pays concernés

Les accords d'Abraham sont considérés comme une étape importante dans la diplomatie et la politique étrangère. Plusieurs acteurs et pays importants du Moyen-Orient y ont participé. Les principaux acteurs étaient Israël, les Émirats arabes unis (EAU), Bahreïn et les États-Unis. Toutes ces parties ont participé activement à la négociation, à l'application et au développement des accords.

Israël, pays en conflit depuis des décennies, est un acteur clé des accords. Les accords Israël-Émirats arabes unis ont été signés après qu'Israël se soit engagé à normaliser ses relations avec les Émirats arabes unis et d'autres États arabes. L'évolution des relations entre les deux nations marque un changement radical dans les politiques menées de longue date dans le monde arabe. Le principal État du Golfe, les Émirats arabes unis, a fait preuve de vision en établissant avec audace des relations complètes avec Israël, devenant ainsi le premier État arabe à montrer la voie aux autres pays. Le soutien de Bahreïn a mis en évidence la tendance croissante à la paix et à la collaboration dans la région du Moyen-Orient. Outre ces acteurs centraux, les États-Unis, sous la direction du président Donald Trump, ont apporté l'enthousiasme et le soutien néces-saires aux accords, en guidant les négociations et en développant des initiatives diplomatiques entre les parties.

Les accords ont déjà eu un impact sur de nombreux autres pays dans le monde, au-delà des principaux participants. Oman, le Soudan et le Maroc ont tous soutenu la normalisation des re-lations, ce qui laisse entrevoir de nouvelles possibilités de collabo-ration. En outre, des superpuissances comme la Russie, la Chine et certains pays européens ont suivi de près les changements inter-venus à la suite des accords israélo-saoudiens, conscientes du fait que beaucoup de choses peuvent influencer la stabilité de la région et la politique mondiale.

Les raisons pour lesquelles chaque nation a participé aux ac-cords sont différentes, mais elles ont pour objectif commune de redéfinir les relations diplomatiques au Moyen-Orient. Ces motifs comprennent l'acceptation d'Israël au niveau régional, le réaligne-ment des stratégies des États-Unis, la diversification des relations régionales des États du Golfe et bien d'autres encore. Cela explique les complexités économiques et sécuritaires en jeu.

Pour comprendre l'impact et l'importance des contributions des puissances émergentes dans la région, il est essentiel d'apprécier les rôles actifs, mais divers, des pays et acteurs clés pendant les phases de négociation et de mise en œuvre des accords.

Stratégies diplomatiques et négociations

La résolution des conflits et l'avancement de la diplomatie nuancée liée aux accords d'Abraham revêtaient une importance stratégique et nécessitaient un mélange exceptionnel de compétences en matière de diplomatie complexe et de négociation complexe. Pour chaque nation participante, le début des négociations a été marqué par divers facteurs géopolitiques et par une compréhension des priorités et du niveau de sensibilité de chaque nation. Grâce à une application minutieuse des tactiques diplomatiques, des acteurs importants se sont efforcés de surmonter les clivages bien ancrés et de régler les divisions notoires afin de parvenir à une conversation productive. Des diplomates de premier plan ont mené à bien leurs initiatives de renforcement de la confiance afin de mettre en évidence la formation possible de coalitions régionales dans le but de conclure des alliances positives sans précédent, qui pourraient résulter de l'instauration d'un respect mutuel. Bien que le scepticisme et les doutes quant à l'efficacité des négociations soient restés importants, la diplomatie a réussi à opérer un changement paradigmatique dans les relations internationales. En combinant des stratégies multilatérales et bilatérales, les négociateurs ont cherché à résoudre les interprétations contradictoires des forces dominantes de l'histoire, ainsi que les perspectives concurrentes et la recherche de solutions régionales. L'un des domaines les plus sensibles et les plus inexplorés a été le maintien de l'autonomie territoriale et souveraine, tout en essayant de se détacher de la corrélation dans laquelle les médiations réconfortantes prétendaient placer les parties. Sortir de ces cadres délicats était l'une des tâches les plus importantes, exigeant une gestion habile parallèlement à la résolution des conflits. Pour parvenir à un accord, il a fallu équilibrer soigneusement la dynamique, mettre en place des tactiques de retardement constructives et naviguer de manière agressive dans les luttes de pouvoir en cours.

Au cours des négociations, il est clairement apparu que les

stratégies envisagées mettaient en évidence l'importance d'utiliser à la fois des approches de type « hard power » et « soft power » pour préserver la crédibilité et la force des accords. Dans ce cas, les récompenses économiques et les garanties de sécurité mutuelle ont été mises en avant, tandis que des propositions pragmatiques de coopération et de coexistence étaient recherchées. L'aboutissement du processus a montré un engagement continu en faveur de la paix et de la prospérité, renforçant ainsi la conviction que la meilleure façon de résoudre un conflit n'est pas par la force, mais par un dialogue et des négociations cohérents.

Partenariats économiques et accords commerciaux

La création de partenariats économiques et d'accords commerciaux témoigne de l'importance des accords d'Abraham, en particulier dans le contexte du passage d'une animosité historique à une coopération dans la région. Après les percées diplomatiques, les pays concernés ont cherché à développer des relations économiques solides pour favoriser la croissance et l'interdépendance dans la région du Moyen-Orient. La disponibilité accrue des routes commerciales et des canaux d'investissement témoigne d'une évolution significative des rivalités géopolitiques historiques vers une nouvelle ère de camaraderie. Avec le développement des relations bilatérales, la concentration sur les aspects économiques des relations indique un engagement en faveur du développement durable et des bénéfices communs.

Un aspect clé de la dimension économique des accords d'Abraham est le développement d'accords commerciaux qui permettent la circulation transfrontalière des biens et des services. Les parties contractantes visent à établir un cadre pour le renforcement du commerce et de la croissance économique en supprimant les obstacles au commerce et en alignant leurs régimes réglementaires. Ces accords facilitent l'accès au marché, l'intensification des activités d'import-export et la dynamisation des initiatives entrepreneuriales grâce à l'alignement des politiques. En outre, la reconnaissance mutuelle des avantages comparatifs de chacun donne lieu à des relations économiques synergiques, exploitant les aspects les plus forts des économies participantes.

Par ailleurs, la signature de partenariats économiques élargit le champ des accords commerciaux à des relations plus complexes impliquant des investissements stratégiques et des accords de coentreprise. Cette combinaison de facteurs renforce les activités économiques et favorise le développement de la collaboration internationale dans de nombreux secteurs, tels que la technologie et l'innovation, les infrastructures et l'énergie. La mise en commun des ressources et de l'expertise permet aux nations de se renforcer, ce qui favorise un environnement propice à l'innovation et à la croissance durable. Associé à la capacité d'investir dans d'autres pays partenaires, le financement conjoint de projets peut favoriser la diversification des économies, le développement des technologies et la création d'emplois, permettant ainsi de renforcer le cadre socio-économique des pays partenaires.

Il est clair que les relations économiques et les accords commerciaux, sous l'égide des accords d'Abraham, vont au-delà des profits immédiats en aidant à créer une stabilité et un développement régionaux à long terme. En fusionnant les facteurs économiques, les États signataires développent une interdépendance et des avantages mutuels qui servent l'objectif élevé d'instaurer une paix et une sécurité durables au Moyen-Orient. Le développement de relations économiques mutuelles accélère le développement des relations sociopolitiques et crée une atmosphère de paix, de bonne volonté et de coopération. Par conséquent, le développement des relations économiques et l'interdépendance qui en résulte contribuent à la création d'une région stable et développée au Moyen-Orient, fondée sur des intérêts économiques partagés et une coopération mutuelle.

Collaborations en matière de sécurité et stabilité régionale

Les accords d'Abraham ont profondément transformé le paysage sécuritaire du Moyen-Orient. En favorisant de nouvelles opportunités économiques et en initiant des échanges culturels, ces accords ont non seulement normalisé les relations entre Israël et d'autres pays arabes, mais ont également créé une perception d'équilibre des pouvoirs et de sécurité collective dans la région. Cette évolution significative a suscité des discussions sur des pactes de défense mutuelle, une coopération en matière de renseignement et des exercices d'entraînement militaire conjoints entre les États membres.

Ces collaborations, qui découlent directement des accords d'Abraham, représentent un effort stratégique visant à assurer la stabilité régionale en contrant les ennemis et les menaces communs. La principale préoccupation des pays participants est l'influence iranienne et ses forces supplétives, et les accords ont ouvert la voie à une action coordonnée pour faire face à ces défis. En outre, les accords facilitent une plus grande coopération en matière de sécurité des frontières et de lutte contre le terrorisme, renforçant ainsi la position de défense des États concernés.

Parallèlement, la normalisation des relations a conduit à des discussions sur la gestion des crises et les mécanismes de résolution des conflits, afin de réduire les risques d'instabilité en matière de sécurité. En développant la confiance et des systèmes de communication décentralisés, les nations travaillent à la mise en place d'un environnement plus sûr, capable de résister aux pressions extérieures et aux faiblesses internes. L'approche coopérative de la sécurité couvre également la sécurité maritime et la sécurité de la navigation sur les principales voies navigables, en alignant les intérêts collectifs des pays concernés sur la protection des infrastructures essentielles et des voies commerciales.

En outre, les répercussions de ces collaborations en matière de sécurité vont au-delà des relations bilatérales immédiates et renforcent l'équilibre stratégique des pouvoirs dans la région. Les accords ont jeté les bases d'une coexistence pacifique et d'une interaction positive, défiant les vieilles animosités et facilitant la transition vers un cadre de sécurité plus unifié au Moyen-Orient. Ils constituent ainsi la base d'actions de renforcement de la confiance et créent un environnement propice à une paix et une stabilité durables.

Néanmoins, il est important de reconnaître la dynamique et les nuances de ces partenariats de sécurité, étant donné qu'ils sont liés à des questions héritées du passé, à des conflits d'intérêts et à des lignes géopolitiques divergentes. Équilibrer les différences en matière de sécurité régionale et d'autres questions devient un exercice de jonglerie entre des parties prenantes concurrentes et des relations émergentes. De même, l'équilibre entre les écarts de puissance militaire et une représentation adéquate dans les politiques de sécurité reste un sujet complexe qui exige de grands efforts.

En résumé, les partenariats stratégiques mis en place par les accords d'Abraham comptent parmi les changements les plus remarquables dans l'ordre sécuritaire récemment apparu au Moyen-Orient. Cette transformation devrait se poursuivre au fur et à mesure que les États membres accroîtront leurs interactions et établiront des cadres communs pour leurs relations de coopération. La stabilité régionale et la sécurité collective s'en trouveraient renforcées, ce qui est sans aucun doute de bon augure pour la région.

Échanges culturels et liens interpersonnels

Les échanges culturels et les contacts entre les peuples ne sont pas une simple formalité, mais un outil puissant pour favoriser la compréhension mutuelle et une paix durable entre les nations. Les circonstances des accords d'Abraham offrent un terrain fertile pour l'épanouissement de ces échanges, la promotion du dialogue culturel, de la tolérance et de l'approfondissement des valeurs. L'acceptation de relations d'échange entre Israël et certains pays arabes a permis de renforcer la coopération culturelle, offrant davantage de possibilités d'échanger des œuvres d'art, de la musique, de la littérature, de la cuisine traditionnelle et même des traditions. Ces échanges agissent comme des outils de transformation, permettant aux personnes sur le terrain de changer leur perception de l'autre et ouvrant la voie à un avenir plus harmonieux.

En outre, l'introduction de vols sans escale et de voyages touristiques entre les signataires a créé davantage d'opportunités pour les citoyens d'autres pays d'interagir avec des personnes de cultures différentes et de participer à des activités interculturelles. La danse, la musique, les arts culinaires et le tourisme vers des lieux historiques importants, des sites religieux et des villes modernes animées permettent aux gens de mieux comprendre leurs nouveaux partenaires, ce qui leur permet de vivre des expériences authentiques tout en commençant à apprécier la culture de l'autre.

Comme indiqué plus haut, la collaboration dans le domaine de l'éducation est devenue un moyen clé de s'engager sur le plan culturel dans le cadre des Accords d'Abraham. Ce document, ainsi que les autres accords signés dans le cadre des Accords, ont ouvert des possibilités de collaboration dans le domaine de l'éducation, y compris des programmes de mobilité pour les étudiants, des recherches universitaires et des projets de collaboration visant à acquérir et à diffuser des connaissances par-delà les frontières. Ces initiatives ne se contentent pas de promouvoir l'apprentissage et l'érudition au-delà des frontières ; elles favorisent également les amitiés et les relations entre les futurs dirigeants, qui joueront un rôle crucial dans le maintien de l'esprit de coopération et de compréhension.

Encourager l'apprentissage des langues arabe et hébraïque et favoriser leur maîtrise est une étape cruciale pour renforcer les relations culturelles entre les pays impliqués dans les accords d'Abraham. Dans le contexte de ces pays, la langue est un puissant connecteur qui permet de communiquer à différents niveaux et d'approfondir la compréhension des personnes avec lesquelles on s'engage. Lorsque les gens apprennent à parler la langue de l'autre, ils font tomber les barrières et ouvrent la voie à une interaction et une compréhension authentiques, renforçant ainsi les liens culturels et favorisant un sentiment d'unité.

En d'autres termes, le développement des interactions culturelles et des relations interpersonnelles initié par les accords d'Abraham offre une occasion remarquable de parvenir à une paix durable et à la réconciliation dans une région notoirement marquée par la violence. De telles initiatives vont au-delà des conventions politiques et des poursuites économiques, s'étendant à la terre des sentiments où les différences authentiques et la paix fleurissent pour le bénéfice des générations à venir.

Perspectives et réactions des puissances mondiales

Les acteurs mondiaux ont suivi l'évolution des accords d'Abraham avec un mélange de fascination et de prudence. Ces accords sont d'une grande importance pour les conflits régionaux, les relations entre les puissances mondiales et la diplomatie, et suscitent une grande inquiétude de la part des parties prenantes internationales. L'interdépendance économique croissante entre les pays du monde entier est liée à la réaction positive des acteurs mondiaux. Cette réponse est complexe, car les accords diplomatiques institués visaient à débloquer des opportunités au Moyen-Orient en tant que région aux côtés de puissances en conflit.

Les États-Unis, en tant que principal concepteur et négociateur des accords, occupent une position importante en soutenant ces accords, qu'ils considèrent comme une approche vitale pour réaliser la progression souhaitée dans la région. Le gouvernement dirigé par Trump a d'abord considéré ces accords comme une préoccupation dominante pour aborder les politiques d'équilibre des pouvoirs au niveau international, et malgré les changements de gouvernement, ces sentiments demeurent. Toutefois, la position du gouvernement Biden sur les accords pourrait devenir plus sophistiquée, en travaillant avec d'autres pays tout en favorisant un principe unilatéral concernant les accords de normalisation.

De l'autre côté du spectre, l'Iran et ses partenaires ont exprimé plus publiquement leurs préoccupations concernant les accords. Téhéran et ses alliés ont considéré la normalisation des relations entre Israël et les pays arabes comme une annexion de leur influence et un défi à leur suprématie régionale. Ils la présentent ainsi comme une capitulation face à l'intérêt décroissant d'Israël pour l'unité arabe et une trahison envers la Palestine. C'est pourquoi ils ont condamné avec véhémence les accords qui ont asséché et vidé de sa substance l'unité panarabe face aux politiques militaristes avancées d'Israël.

Dans le même temps, des pays européens comme la France, l'Allemagne et le Royaume-Uni ont fait preuve d'un optimisme prudent, mais l'ont tempéré par de réelles inquiétudes. Si les accords peuvent conduire à une plus grande stabilité et au développement économique de la région, il est toujours vital qu'aucune nouvelle relation israélo-palestinienne ne vienne entraver les pourparlers de paix, en particulier une solution à deux États encadrée par des traités de paix, qui sont fondamentaux pour une coexistence saine et égale.

En outre, en ce qui concerne les accords d'Abraham, la Russie et la Chine ont des positions équilibrées en tant que principaux détenteurs de pouvoir dans la politique mondiale. Toutes deux ont cherché à consolider leurs relations avec les pays de la région afin d'accroître leur influence mondiale, tout en s'opposant stratégiquement à la domination des puissances occidentales sur la géopolitique du Moyen-Orient.

L'éventail des réactions internationales met en évidence le réseau complexe de motivations et de points de vue qui entourent ces efforts diplomatiques considérables. Alors que les accords continuent d'avoir des effets dans le monde entier, les relations et les interactions entre les principales puissances mondiales continueront d'influer sur l'évolution de la situation géopolitique changeante du Moyen-Orient.

Défis et critiques des accords

Célébrés comme une réussite diplomatique historique, les accords d'Abraham ont également été critiqués pour leur manque d'inclusivité, en particulier à l'égard de l'Autorité palestinienne. Cette situation soulève la question de savoir si, en aggravant les tensions palestiniennes, ils ne risquent pas d'exacerber davantage le conflit. Des inquiétudes ont également été exprimées quant à l'incapacité potentielle des accords à résoudre les problèmes fondamentaux du conflit israélo-palestinien et à garantir un traité de paix global, tout en compromettant la probabilité d'un tel traité. D'autres inquiétudes semblent se faire jour quant à la pérennité des accords face aux changements de dirigeants ou aux bouleversements géopolitiques, qui ont parfois tendance à être les plus importants. En outre, l'inclusion d'Israël dans le cadre régional se heurte à une certaine opposition, car plusieurs pays luttent contre le soutien populaire à la normalisation des relations avec la nation juive. En outre, l'opposition concernant les relations internes de certains États arabes avec Israël a été qualifiée de controversée en raison de ses implications pour l'aide à la cause palestinienne. Par ailleurs, l'impact des accords sur l'équilibre des forces régionales au Moyen-Orient est tout aussi préoccupant. Ses détracteurs craignent qu'un changement d'alliances n'entraîne une détérioration des relations fragiles et une division internationale accrue dans cette région instable.

Ceci est particulièrement important à la lumière des conflits avec l'Iran et ses rivaux régionaux. Les accords et leur impact sur l'équilibre des pouvoirs au Moyen-Orient ont également suscité des controverses, de même que la crainte de nouvelles éruptions volcaniques dues à une dynamique géopolitique remodelée. Certains défis intègrent également des dimensions économiques, notamment en ce qui concerne les partenariats économiques et les accords commerciaux sous-jacents aux accords. Ces conflits d'intérêts rendent l'accord politiquement sensible en raison d'animosités enracinées à la fois historiquement et géopolitiquement. En outre, la question de la construction et de la promotion d'une réconciliation et d'une paix durables doit faire l'objet d'une attention particulière. Ils affirment que les conflits sont diagnostiqués, mais que l'absence de paix durable et de stabilité pour les parties concernées est souvent négligée. Cela signifie qu'il est essentiel de s'engager efficacement avec les acteurs clés et de renforcer le système pour changer le statu quo dans la région. Les défis et les critiques doivent être abordés de manière constructive afin de développer une voie fiable vers une paix durable dans la région, malgré la célébration des réalisations transformatrices attendues des accords d'Abraham

Perspectives d'avenir : maintenir la paix et le progrès

L'avenir du Moyen-Orient s'annonce radieux et complexe après la signature des accords. Pour aller de l'avant, comme pour toute feuille de route globale, toutes les parties doivent déployer des efforts tout en évitant les risques potentiels afin de saisir pleinement les opportunités qui leur sont offertes. À première vue, les accords ont tracé une nouvelle voie pour la diplomatie et la coopération régionale, ce qui nécessitera de repenser et de replanifier les stratégies pour en assurer le succès.

Les dialogues et les interactions entre les pays qui choisissent de signer les accords constituent un élément crucial pour répondre aux attentes. Dans un premier temps, la priorité devrait être d'établir un dialogue menant à la mobilisation ; par la suite, en fonction des résultats de ces réunions, il peut même y avoir des interactions régulières, en face à face, entre les ministres, ce qui conduit à d'autres domaines tels que la sécurité, la croissance économique et même la coopération culturelle. Il est également utile de prévoir un ensemble de commandements et de groupes à mobiliser afin que les différends puissent être résolus rapidement.

L'intégration de la société civile et des initiatives interpersonnelles est importante pour construire la paix et soutenir la société. Jusqu'à présent, les accords ont été le fruit d'une action gouvernementale. La participation d'organisations à but non lucratif, d'écoles et d'actions locales améliorera les relations sociales, favorisera la compréhension et contribuera aux processus de réconciliation publique. Le dialogue interreligieux, l'enseignement et d'autres activités communes permettront de bâtir une paix plus forte et plus durable.

Le commerce et les autres activités économiques sont également importants pour l'avenir de la région. À ce titre, les accords pourraient favoriser la progression économique de la région en se concentrant sur la valeur ajoutée de chaque pays participant en matière d'innovation, d'esprit d'entreprise et d'emploi des jeunes. Des politiques d'investissement ciblées pour les zones économiques et le développement des entreprises conduiront à une augmentation de l'emploi, des nouvelles technologies et des avantages économiques, renforçant ainsi les liens entre les pays.

Il est important d'identifier les questions relatives à la durabilité des accords, même lorsque de nouvelles opportunités s'offrent à nous. Des considérations géopolitiques, des paradigmes de sécurité concernant la région et des facteurs exogènes peuvent faire dérailler la voie que les accords entendent suivre. Il sera donc important de se défendre contre les perturbations anticipées tout en tirant parti des synergies et des convergences existantes.

Comme nous l'avons dit plus haut, ce qui nous attend au Moyen-Orient sera vain si nous ne disposons pas d'une orientation adéquate. En d'autres termes, les Accords d'Abraham ont intégré la paix et le développement, qui, ensemble, permettent d'instaurer une paix durable au Moyen-Orient.

Compte tenu de cet argument, l'obtention d'une paix et d'un progrès perpétuels après les accords d'Abraham résultera du maintien d'une politique diplomatique bien pensée et équilibrée, assortie d'initiatives sociales, économiques et stratégiques. Un accent plus fort sera mis sur la vision du bien économique collectif, de la sécurité partagée et des activités interculturelles ancrées dans les accords. Cela permettra sans aucun doute de créer une région de la Méditerranée orientale plus fiable, qui devrait être transmise de génération en génération.

4

Relations israélo- saoudiennes

Un nouveau chapitre de la normalisation ?

Contexte historique et évolution des relations

L'Arabie saoudite et Israël entretiennent une relation unique, qui n'est pas pleinement reconnue sur le plan diplomatique. Celle-ci se caractérise par un mélange de coordination pratique, de dynamique de rivalité et d'hostilité. Malgré l'absence formelle de contacts, les relations ont connu des changements et des évolutions considérables. Après avoir analysé l'histoire de ces pays et de leurs relations, il apparaît clairement que plusieurs événements clés, tels que l'après-guerre, l'émergence de l'État d'Israël en 1948, les conflits israélo-arabes comme la guerre de cinq ans et la guerre de six jours en 1973, ont profondément modifié la réalité géographique. Cette évolution est encore exacerbée par la question de la Palestine, l'expulsion des Palestiniens et le soutien de la Ligue arabe à la Palestine lors de l'adoption de la résolution de Khartoum en 1967.

Le rôle des accords d'Abraham dans l'évolution de la dynamique

Ces événements transformateurs ont également inclus la formation de l'administration Trump, qui supervise le brassage diplomatique au Moyen-Orient. Ainsi, conformément aux changements intervenus, l'accord nous permettra de mieux comprendre le fonctionnement des relations entre Israël et l'Arabie saoudite, ce qui favorisera l'émergence d'un nouveau potentiel ancré à Novossibirsk.

Il a également permis de normaliser les relations entre Israël, les Émirats arabes unis et Bahreïn. Le processus de normalisation a joué un rôle essentiel dans la modification des perceptions et des alliances régionales, ce qui devrait avoir des conséquences considérables dans de nombreux domaines. Tout d'abord, les accords ont marqué une transformation remarquable des considérations géopolitiques traditionnelles en abandonnant la condition préalable unifiée du monde arabe à l'égard d'Israël (la résolution du conflit palestinien) comme préalable à l'établissement de relations soutenues avec Israël. Ce premier pas symbolique a incité d'autres pays à envisager des gestes similaires à l'égard d'Israël, bouleversant ainsi le statu quo et défiant les conventions en vigueur. Il a donc recadré la mesure dans laquelle l'Arabie saoudite et Israël pouvaient être imaginés dans un discours franc et une coopération. On peut dire que les accords ont fourni une impulsion puissante à cette combinaison de facteurs, une impulsion à laquelle il fallait donner suite de toute urgence. Qu'il s'agisse de limiter l'affirmation de l'Iran ou de renforcer la collaboration économique, les accords se sont concentrés sur des intérêts et des objectifs communs, favorisant une convergence des voies politiques et stratégiques pour l'Arabie saoudite et Israël. Ce changement est susceptible de modifier les rapports de force dans la région et d'apporter la stabilité en supprimant des hostilités profondément enracinées. La réduction des animosités historiques peut transformer la dynamique des pouvoirs régionaux et favoriser la stabilité. Le succès des accords d'Abraham réside surtout dans le changement de perception et d'attitude de la population en Arabie saoudite.

Le processus de normalisation a suscité des débats controversés et un discours interne sur Israël, mettant en évidence une combinaison unique d'animosités profondément ancrées, de nuances religieuses sensibles et d'identité nationale. Si certains groupes au sein de la nation semblent accepter cette nouvelle relation, d'autres ont fait preuve de scepticisme, voire l'ont rejetée, ce qui met en évidence les complexités sociopolitiques au sein du Royaume. En outre, les accords ont suscité une attention internationale considérable et des réactions de la part d'autres puissances et organisations internationales. Les mesures prises par les États-Unis pour soutenir et parrainer ces accords ont souligné le rôle des acteurs extérieurs dans les affaires du Moyen-Orient. Il convient également de reconnaître l'impact de cette évolution sur les controverses et les structures de pouvoir locaux qui perdurent. Alors que les relations israélo-saoudiennes évoluent dans cette direction et qu'elles sont aux prises avec les dynamiques entremêlées d'autres grandes puissances, il est nécessaire d'adopter une stratégie prudente pour saisir les opportunités potentielles et minimiser les difficultés émergentes. L'espoir offert par les accords d'Abraham permet d'envisager un rééquilibrage de la géopolitique du Moyen-Orient, de marquer un nouveau tournant vers un potentiel de coopération et de transformer les relations entre l'Arabie saoudite et Israël.

Intérêts politiques et stratégiques : une voie convergente

L'alignement des intérêts politiques et stratégiques de l'Arabie saoudite sur ceux d'Israël a une incidence sur la géopolitique de l'ensemble de la région du Moyen-Orient. Dans le passé, ces deux États ont entretenu des relations complexes qui divergeaient des cadres sous-régionaux et des récits idéologiques. Néanmoins, l'évolution des réalités géopolitiques, les impératifs de sécurité et le réalignement des relations ont créé des possibilités d'alignement des intérêts au-delà des animosités traditionnelles.

L'Arabie saoudite et Israël sont tous deux aux prises avec les nouveaux défis posés par des acteurs étatiques régionaux, tels que l'Iran, et non étatiques, tels que le Hezbollah et le Hamas. La nécessité de contenir l'influence de l'Iran et ses ambitions de domination de la région a fait naître des perspectives de coopération entre ces pays, qui comprennent l'importance des synergies politiques. En outre, la gestion des relations de pouvoir complexes du Conseil de coopération du Golfe (CCG) et du monde arabe a entraîné des révisions de leur politique étrangère, favorisant un changement plus cynique et pragmatique, plutôt qu'idéologiquement fixé sur la doctrine.

D'autre part, des intérêts communs plus fondamentaux sont centrés sur les préoccupations concernant le potentiel de déstabilisation régionale, le terrorisme et le développement d'un système de défense unifié qui protège les intérêts nationaux et les alliances régionales stratégiques. L'inquiétude croissante face aux menaces transnationales, telles que la cyberguerre, la guerre asymétrique ou la prolifération des armes de destruction massive, montre qu'il est crucial de se concentrer sur des approches collaboratives en partageant davantage de renseignements, en organisant des exercices conjoints et même en innovant sur le plan technologique. Par ailleurs, le rôle des États-Unis dans la médiation de la réconciliation régionale et le renforcement des coalitions contre des ennemis communs a encore intensifié la nécessité de synchroniser les objectifs stratégiques.

Les deux pays reconnaissent les stratégies de sécurité à court et à moyen terme, ainsi que les avantages économiques qu'une collaboration avancée pourrait apporter. Les projets conjoints potentiels d'intégration commerciale et de développement des infrastructures, ainsi que l'exploitation des avantages comparatifs dans les domaines des énergies renouvelables, du dessalement et des soins de santé, pourraient favoriser le développement et la prospérité. Une fois que les relations politiques israélo-saoudiennes seront passées d'un simple conflit interétatique à un engagement constructif, la dépendance économique ne sera pas seulement un moteur de renforcement des liens, mais elle transformera également l'environnement économique de la région.

En résumé, l'alignement des intérêts géopolitiques et stratégiques de l'Arabie saoudite et d'Israël marque un changement dans la dynamique du Moyen-Orient.

Avec l'évolution des rapports de force due à la coopération intrarégionale et aux rivalités historiques qui se transforment en concurrence contemporaine, une approche cohérente de l'ordre, du développement et du bien-être régionaux est susceptible de devenir le nouveau paradigme de la région pour les années à venir.

Opportunités économiques et projets de collaboration

Stimulées par la reconnaissance d'opportunités partagées, les relations israélo-saoudiennes passent de la diplomatie à la collaboration pratique et économique. La Vision 2030 de l'Arabie saoudite et l'esprit d'entreprise technologique israélien constituent un terrain fertile pour les coentreprises et les partenariats stratégiques. Les deux pays sont en pleine expansion économique, ce qui les rend dépendants des industries du secteur non traditionnel. Ils sont de plus en plus conscients que les efforts de coopération peuvent apporter une valeur économique. La collaboration dans les domaines des énergies renouvelables, de la préservation de l'eau, de l'agriculture et de la fabrication de pointe offre la possibilité de résoudre des problèmes communs et de se développer de manière durable. En outre, les projets technologiques israéliens et les capacités d'investissement saoudiennes sont susceptibles de donner naissance à des projets révolutionnaires qui changeront le paysage économique de la région. Cette évolution des relations a créé des opportunités pour le commerce, l'investissement et le développement d'infrastructures. Les deux pays cherchant activement à maximiser leurs atouts, les secteurs suivants ont plus de chances de réussir : les soins de santé, la cybersécurité et les technologies financières. Ces initiatives donnent un coup de fouet à l'économie et débouchent sur des solutions innovantes, de nouvelles possibilités d'emploi et l'externalisation de connaissances qui profitent aux citoyens des deux parties.

Avec le développement des relations israélo-saoudiennes, qui incluent l'interdépendance économique, le commerce et les opportunités d'investissement, les domaines où l'on peut faire des affaires se multiplient. Ces relations ne sont pas seulement bilatérales, mais aussi régionales ; elles utilisent le potentiel du CCG ainsi que d'autres relations nouvellement formées au Moyen-Orient. Les relations israélo-saoudiennes, si elles sont synergisées et intégrées, peuvent considérablement progresser, se stabiliser et permettre une prospérité géopolitique plus avancée.

Coopération en matière de sécurité et de défense : des impératifs partagés

La coopération israélo-saoudienne en matière de sécurité et de défense reflète des impératifs communs de préoccupation et de stratégie axés sur la réalisation de certains objectifs régionaux. Les deux pays sont tout à fait d'accord sur la nécessité de renforcer les mesures de coopération contre le terrorisme non étatique et étatique qui prévaut au Moyen-Orient. Le nouvel ordre mondial a rendu impérative l'alignement de ces politiques pour protéger et stabiliser ces intérêts.

Israël et l'Arabie saoudite sont de plus en plus actifs dans la recherche de moyens de coopération en matière d'exercices militaires, de coopération dans le domaine du renseignement et de développement technologique. Ces efforts visent à améliorer leur gestion des guerres asymétriques, de la cyberguerre et de la prolifération des missiles balistiques. Par ailleurs, les discussions sur l'achat éventuel de systèmes de défense avancés et d'autres équipements témoignent de la volonté d'utiliser l'expertise et les ressources disponibles pour améliorer simultanément la défense et la sécurité.

Les impératifs combinés vont au-delà des préoccupations militaires et englobent d'autres aspects de la sécurité. Les deux pays comprennent l'importance de la sécurité maritime dans le Golfe et la mer Rouge, où la lutte contre la piraterie, la contrebande et d'autres activités néfastes prend de l'ampleur. Le contrôle des frontières et la surveillance d'importantes installations nationales figurent également en bonne place dans leurs plans de coopération, compte tenu du danger que représentent les incursions et les attaques transfrontalières.

Dans ces conditions, la coopération dans le domaine du renseignement est impérative. D'autres membres de l'alliance sont également fortement engagés dans la région et cherchent à faire face aux mêmes menaces. Le cadre comprend l'échange d'informations, individuellement et en groupe, ainsi que l'évaluation des menaces potentielles et existantes. Cela constitue une réponse commune aux nouveaux risques pour la sécurité. Sont également incluses les actions de lutte contre le terrorisme et celles visant à stopper la propagation du radicalisme, qui englobent le partenariat de sécurité.

En outre, les débats sur l'intégration des doctrines de sécurité et des méthodes opérationnelles suggèrent une synergie avancée en matière de dissuasion et de renforcement de la résilience. Les objectifs communs dominants font qu'il est impératif de participer activement aux dialogues sur la stratégie, les systèmes de gestion et l'évaluation des risques, permettant ainsi l'évolution de la préparation face aux nouveaux défis.

L'Arabie saoudite et Israël s'efforcent de modifier leurs politiques de sécurité en fonction des nouveaux changements survenus dans la région, de sorte que les accords de coopération conjoints se concentrent davantage sur la résilience, l'interopérabilité et la préparation globale. Ces cadres mettent en évidence les motivations communes de la coopération en matière de défense et de sécurité, et offrent la possibilité de poursuivre la coopération en vue de créer une alliance qui renforce le système de sécurité collective du Moyen-Orient.

Perception de l'opinion publique et défis sociopolitiques

L'opinion publique et les difficultés sociopolitiques sont particulièrement importantes pour les relations israélo-saoudiennes. Malgré des progrès diplomatiques et économiques considérables, le sentiment sociétal et l'histoire collective des deux parties restent un obstacle complexe à une normalisation complète. Les différences culturelles, les sensibilités religieuses et les animosités bien ancrées ont nourri des préjugés inébranlables qui suscitent le scepticisme et la défiance de la population. La perpétuation de ces attitudes, tant dans la vie publique que dans le débat public, rend la consolidation des relations encore plus difficile.

L'opinion publique saoudienne à l'égard d'Israël reste très polarisée. Même avec le changement visible dans le discours officiel du Royaume, qui serait attribué aux intérêts stratégiques et à l'évolution de la dynamique du pouvoir dans la région, de larges segments de la société continuent d'être sceptiques et prudents. L'investissement de plusieurs décennies dans la propagande anti-israélienne, qui associe la cause palestinienne et la rivalité hégémonique régionale, a imprégné la société d'une animosité et d'une suspicion profondes. Dans sa politique étrangère, la royauté est contrainte de faire face aux réalités pragmatiques du monde tout en tenant compte des sensibilités intérieures, sans faire de propositions manifestement trop conciliantes à l'égard d'Israël.

La perception de l'Arabie saoudite en Israël reflète un mélange d'animosité historique, d'espoir tempéré et de préoccupations de realpolitik en matière de sécurité. Ce clivage ne semble pas affecter le soutien du public israélien au gouvernement, qui souhaite normaliser ses relations avec les États du Golfe. Toutefois, certains segments de la population restent réticents à l'idée d'embrasser d'anciens ennemis. Le point de vue israélien semble être fortement influencé par les souvenirs de l'embargo pétrolier arabe et des conflits régionaux qui ont fait des ravages au fil des ans. En outre, le cadre sociopolitique est influencé par des récits contradictoires au sein de la société israélienne concernant la nécessité de donner la priorité à la paix avec la région plutôt qu'à la préservation de l'identité juive et des blessures historiques.

Pour surmonter ces obstacles sociopolitiques, il est nécessaire d'élargir le champ d'action, notamment par des programmes éducatifs, des activités culturelles et la communication entre les groupes. Ces activités permettent de modifier les perceptions qui dépeignent un individu ou un groupe de manière négative et de promouvoir la compréhension de leurs véritables attributs. Il est très difficile de changer les stéréotypes, mais en modifiant le récit des partenariats, on peut favoriser l'empathie et l'expérience. En abordant ces questions de front, on peut dissiper une partie des craintes et des idées fausses qui entourent le réchauffement des relations. La recherche d'un équilibre entre ces griefs historiques et l'accent mis sur les intérêts communs peut servir de base aux dirigeants des deux nations pour cultiver l'acceptation de la coopération.

Implications régionales et réactions géopolitiques mondiales

Dans son ensemble, le Moyen-Orient a réagi à la normalisation des relations israélo-saoudiennes, fournissant de nombreux éléments à discuter au niveau mondial. Les efforts saoudo-israéliens ont suscité des réactions, bien que celles-ci semblent parfois tout à fait opposées, de la part des autorités internationales, qu'il s'agisse des deux États ou de l'UE. Au fur et à mesure que ces deux pays ont développé une compréhension mutuelle, les États-Unis, par exemple, ont fortement approuvé cette évolution et promettent de nouveaux efforts diplomatiques au Moyen-Orient, qui semblent pour l'instant audacieux, afin d'approfondir cette nouvelle relation. Avec les accords d'Abraham, les États-Unis insistent particulièrement sur l'importance des relations internationales et diplomatiques iraniennes dans la région pour ces deux pays. En revanche, les États africains ont donné un point de vue différent sur l'aide visant à créer de nouvelles plates-formes de coopération, affirmant que le sens traditionnel de l'identité arabe est largement négligé au profit des relations arabes internationales.

Les États-Unis, fervents partisans du nouvel accord d'Abraham, ont désespérément tenté de faire en sorte que ce partenariat nouvellement formé soit à l'origine d'autres négociations dirigées vers le Moyen-Orient et qu'il serve à les attirer dans la région. Ils considèrent cette diplomatie comme une percée potentiellement provocatrice dans la recherche de liens stratégiques arabes in situ, qui sert en même temps de cible aux puissances iraniennes et à celles d'autres pays du Moyen-Orient.

Tout en observant les réactions aux niveaux régional et mondial, le développement des relations israélo-saoudiennes a déclenché des discussions sur l'inévitabilité des perspectives d'avenir d'autres parties du Moyen-Orient. Les décideurs politiques et d'autres analystes ont spéculé sur la possibilité d'une nouvelle forme de synthèse régionale qui dépasserait les clivages axiaux de la région tout en tenant compte des conflits profondément enracinés et des complexités entremêlées de l'histoire. Par conséquent, la création de ce nouveau partenariat transformationnel apporte de nouveaux facteurs à un environnement géopolitique déjà complexe, ce qui nécessite des manœuvres et une diplomatie prudentes.

L'influence des États-Unis : encourager les passerelles diplomatiques

Alors que le Moyen-Orient subit des transformations constantes, les États-Unis continuent de jouer un rôle central dans la promotion des relations diplomatiques entre des adversaires de longue date comme l'Arabie saoudite et Israël. Les États-Unis ont toujours été un acteur majeur au Moyen-Orient et leurs conseils ont contribué à stabiliser le dialogue et les relations entre les nations de la région.

Le pouvoir des États-Unis d'encourager la construction de ponts diplomatiques est multiforme. Les États-Unis peuvent persister à négocier diplomatiquement, en favorisant les relations, la compréhension et la confiance entre l'Arabie saoudite et Israël. Les impératifs stratégiques des États-Unis ont souvent contribué à consolider les objectifs de rapprochement entre ces acteurs clés de la région afin de parvenir à la stabilité et à la croissance économique au Moyen-Orient.

En outre, les États-Unis ont constaté une augmentation importante des garanties de sécurité des Américains et des Israéliens, ce qui a permis d'engager des discussions et des actions en faveur de la coopération. Les États-Unis ont cherché à calmer les frustrations et les risques des deux États en affirmant que leurs relations politiques fortes et leur soutien militaire les aideraient à obtenir de meilleures conditions de vie et une plus grande sécurité. Ils ont ainsi promu les relations stratégiques entre les nations.

Par ailleurs, la collaboration harmonieuse entre les États-Unis et Israël est unique. L'influence mondiale des États-Unis apporte un soutien dominant à la coalition. Les pouvoirs industriels, politiques et socioculturels des États-Unis favorisent les affaires et la confiance, apaisant ainsi les craintes des deux parties et augmentant les chances de normalisation et de collaboration.

Par ailleurs, l'influence des États-Unis dans la promotion des relations diplomatiques reflète leur habileté à manœuvrer sur les questions géopolitiques. Ils parviennent en effet à rallier d'autres acteurs importants du Moyen-Orient pour soutenir les relations israélo-saoudiennes. Ils sont donc en mesure de créer une atmosphère favorable à la coopération et au développement mutuel.

À l'avenir, les États-Unis resteront le pays le plus important pour la promotion et le maintien des relations diplomatiques entre l'Arabie saoudite et Israël. Ils restent la puissance pivot avec les garanties diplomatiques, économiques et militaires les plus fortes, qui peuvent influencer le rythme de la normalisation des relations entre les deux premières puissances de la région. Les États-Unis continueront à être au centre des efforts visant à maintenir la paix et à soutenir la législation émergente pour les nouvelles puissances au Moyen-Orient, tout en encourageant simultanément ces liens diplomatiques nouvellement établis.

Obstacles et impasses potentiels : naviguer dans la complexité

Les tentatives de normalisation des relations entre l'Arabie saoudite et Israël peuvent se heurter à une multitude d'obstacles et de complications qui requièrent une attention particulière. Le premier obstacle majeur est le ressentiment important à l'égard d'Israël qui existe dans certains cercles de la société saoudienne. Même si des relations diplomatiques étaient établies, l'absence d'opinion publique et d'acceptation sociale constituerait un énorme défi. En outre, le conflit israélo-palestinien représente un danger pour les processus de normalisation. À l'avenir, il constituera probablement un problème sérieux dans les relations entre les deux parties.

Un autre obstacle majeur est l'aspect le plus délicat et le plus complexe du Moyen-Orient : la combinaison des affiliations géopolitiques de l'Arabie saoudite. Sa position en tant que superpuissance régionale et ses relations traditionnelles d'ennemis rendent la normalisation avec Israël beaucoup plus lente que souhaitée en raison d'une multitude de problèmes. Les difficultés supplémentaires posées par la réaction possible d'autres États hostiles à Israël sont d'autant plus gênantes.

L'ordre différent des priorités stratégiques et des questions de sécurité constitue un obstacle bien plus important dans les relations entre l'Arabie saoudite et Israël. Malgré l'intérêt commun des deux États à limiter l'influence de l'Iran dans la région, les moyens très différents d'y parvenir rendent l'alignement des stratégies très délicat.

La négociation et le compromis sont tout aussi importants pour pratiquement toutes les perspectives concernant un conflit régional donné et les moyens possibles de le résoudre.

Les relations économiques et commerciales posent également des problèmes. Bien qu'il existe une possibilité de coopération économique et de gain mutuel, la concurrence sur le marché, la distribution des ressources et les politiques énergétiques pourraient rompre le processus de normalisation. Ces défis économiques nécessitent un équilibre délicat pour éviter les points de friction tout en garantissant l'alignement des intérêts.

En outre, la perspective d'une opposition régionale hostile peut créer de nouveaux obstacles. Compte tenu de l'évolution des rivalités et des interférences géopolitiques, les actions visant à perturber le rapprochement entre l'Arabie saoudite et Israël témoignent de la nécessité d'une diplomatie astucieuse et de contre-mesures stratégiques.

En d'autres termes, les impasses et les obstacles potentiels dans toutes leurs complexités nécessiteront des initiatives diplomatiques de grande envergure, une anticipation magistrale et des marques d'engagement réel tant du côté saoudien qu'israélien. La capacité à surmonter ces obstacles et ces complexités changera l'avenir en faveur de partenariats de collaboration durables et d'une normalisation.

Perspectives d'avenir : analyse des trajectoires à long terme

Tout en envisageant le développement futur des relations entre l'Arabie saoudite et Israël, il est essentiel d'évaluer leurs relations avec des puissances auxiliaires telles que la Chine et la Russie ; l'Amérique est d'une grande importance dans ce cas. En outre, ces défis dynamiques, qui comprennent des menaces pour la sécurité et des nations qui se disputent la domination régionale, affectent grandement les visions extensibles de leurs interrelations. L'Arabie saoudite et Israël doivent s'entendre sur la manière de contrer conjointement leurs intérêts tout en trouvant un terrain d'entente sur les questions qui soutiennent ces changements. Les transformations survenues dans une région aussi complexe que le Moyen-Orient au cours de la dernière décennie ont contraint tous les pays à s'adapter en permanence. L'analyse du rôle joué par des acteurs extérieurs tels que les États-Unis, la Chine et la Russie dans le développement des relations entre l'Arabie saoudite et Israël constitue le deuxième domaine fondamental qui a été marqué par l'aide apportée à la structure unipolaire. Il est également essentiel de surveiller la manière dont ces changements affectent les relations dynamiques entre l'Arabie saoudite et Israël.

Toutes les relations socioculturelles sont influencées par la nature des relations diplomatiques qu'un pays entretient sur la scène internationale. L'analyse de l'évolution des attitudes à l'égard de l'Arabie saoudite et d'Israël révèle certaines mesures culturelles qui pourraient être prises pour améliorer la compréhension et atténuer les conflits. En outre, les stratégies de collaboration et d'échanges commerciaux peuvent être le signe d'interactions multidisciplinaires plus profondes à l'avenir. L'examen de la nature des activités d'investissement, des alliances entre les acteurs et des processus généraux de développement des entreprises permettrait de clarifier les perspectives de la coopération économique israélo-saoudienne. Par ailleurs, les relations entre Israël et l'Arabie saoudite peuvent donner un aperçu d'autres aspects qui seront utilisés lors de l'étude des relations entre Israël et l'Arabie saoudite, en particulier l'alliance politique de l'Arabie saoudite avec l'Égypte. L'observation de la manière dont les États de l'axe et les coalitions régionales réagissent à cette nouvelle approche perme-

ttra d'identifier certaines des faiblesses de la relation israélo-saoudienne. L'étude de ces facteurs permettra d'analyser les relations
israélo-saoudiennes et d'évaluer dans quelle mesure elles sont favorables et bénéfiques l'une pour l'autre à long terme.

5

Le conflit israélo-palestinien

Continuités et changements de politique

Contexte historique : les approches précédentes de Trump

A u cours de son premier mandat, Donald Trump a opéré un changement radical dans l'approche américaine du conflit israélo-palestinien, un dilemme qui a longtemps défié toute résolution. En s'éloignant de la diplomatie traditionnelle et du contexte historique, il a fait preuve d'audace en proposant une nouvelle vision de l'une des questions géopolitiques les plus difficiles au monde. Contrairement à ses prédécesseurs, M. Trump n'a pas craint de s'immiscer dans la région avec des politiques qui ont fondamentalement modifié l'approche, favorisant une posture agressive.

La reconnaissance de Jérusalem comme capitale d'Israël en décembre 2017 est peut-être la politique la plus controversée de Trump. Ce changement de politique a en lui-même modifié les relations internationales entre les États-Unis et de nombreux autres pays. À l'instar de nombreuses démocraties émergentes dont la population est majoritairement musulmane, cette décision a été considérée comme une attaque hostile et un coup dur porté à la possibilité de trouver des solutions diplomatiques. Elle a également compliqué la dynamique déjà tendue des relations israélo-palestiniennes et rendu les négociations de paix de plus en plus difficiles.

En outre, les conséquences de la reconnaissance de Jérusalem comme capitale d'Israël ont entraîné une augmentation de la violence dans les territoires palestiniens. Des manifestations de masse ont alimenté ce phénomène en réponse à ce qu'ils considéraient comme une annonce provocatrice. Par conséquent, cette décision n'a fait qu'accroître le désenchantement et la colère des Palestiniens, qui considéraient que l'administration américaine aggravait encore leur lutte pour la création d'un État et l'autodétermination en se rangeant de manière suggestive du côté d'Israël. Cet épisode a démontré la volatilité et la sensibilité de la question de Jérusalem, tout en rappelant aux observateurs l'interaction entre les actes symboliques et la dynamique réelle du conflit sur le terrain.

En soutenant l'idée de reconnaître les revendications d'Israël sur Jérusalem, Donald Trump a clairement indiqué qu'il était frustré par l'état actuel des relations diplomatiques ainsi que par l'entêtement de beaucoup à l'égard des conflits. Il espère ainsi relancer ce qu'il estime être une impasse dans les efforts de paix. Cette décision a mis en évidence le fort soutien de l'administration à Israël et a eu des répercussions sur l'ensemble de la région en modifiant les alliances et en rééquilibrant le pouvoir entre les acteurs. Cette approche a ainsi marqué un nouveau tournant pour ses successeurs en ce qui concerne le conflit israélo-palestinien, en redéfinissant les termes des négociations et le rôle des États-Unis dans la résolution de ce conflit profondément enraciné.

La reconnaissance de Jérusalem et ses conséquences

Tout au long de la politique israélo-palestinienne des États-Unis, la décision du président Trump de reconnaître Jérusalem comme capitale d'Israël en décembre 2017 se distingue comme l'un des moments les plus controversés et les plus décisifs. Tout comme la décision de Trump en 2017, il y a eu un changement de politique concernant l'implication des États-Unis dans le processus de paix à Jérusalem. Les retombées de ces décisions ont entraîné à la fois des difficultés et des dépendances dans toute la région du Moyen-Orient.

Les politiques de Trump ont suscité un malaise mondial, déclenchant la désobéissance civile parmi les Palestiniens et conduisant à une réévaluation des relations diplomatiques. L'annulation de l'aide aux Palestiniens, bien que politiquement bénéfique pour Trump au sein du parti républicain, a été perçue comme une contrainte sur les relations diplomatiques établies. Ces actions ont créé de nouveaux précédents, souvent présentés comme une approche équilibrée, dans le cadre des efforts déployés pour désamorcer le conflit israélo-palestinien.

Dans la période qui a suivi l'annonce, des troubles ont éclaté dans de nombreuses régions du Moyen-Orient, en particulier

dans les territoires palestiniens, en signe de colère et de décep-
tion à l'égard du revirement des États-Unis. Ces manifestations
ont montré l'ampleur des sentiments attachés à la question de
Jérusalem et ont mis en évidence la difficulté de traiter une question aussi chargée d'émotion. Dans le même temps, des engagements diplomatiques ont été pris pour limiter les dégâts et empêcher une nouvelle escalade des tensions, en se concentrant sur
la fracture qui nécessite un équilibre dans le traitement des points
de vue divergents concernant le statut de la ville.

La reconnaissance de Jérusalem comme capitale d'Israël a eu
un impact supplémentaire sur les relations régionales existantes,
car elle a modifié les lignes géopolitiques et recalibré le raisonnement stratégique des acteurs de la région. Certains États arabes
ont critiqué la décision des États-Unis en réévaluant leurs relations avec Washington de manière plus agressive, montrant ainsi
un réel changement dans leur attitude et leurs relations diplomatiques. Dans le même temps, cette décision a renforcé le rôle
des principaux acteurs régionaux dans le conflit israélo-palestinien
en mettant davantage l'accent sur la médiation et l'orientation du
dialogue, illustrant ainsi les réalités multicouches du conflit d'un
point de vue national, régional et international.

L'impact de la reconnaissance de Jérusalem comme capitale a
été ressenti dans les cercles politiques ainsi que sur les plans culturel et sociologique, reflétant le dynamisme profond de la ville.
La présence tangible de Jérusalem a été mise en synergie avec la
géopolitique moderne, et sa signification symbolique a été remodelée d'une manière qui s'étend au-delà des limites de la ville. Par
conséquent, l'impact de ce changement de politique a eu des répercussions bien au-delà de la diplomatie conçue pour y parvenir. Il a
affecté la nature multidimensionnelle du conflit israélo-palestinien
et le reste de la région du Moyen-Orient pour les années à venir

L'annexion de la Cisjordanie : les projets au cours du premier mandat

Le débat sur l'annexion de la Cisjordanie est apparu pour la première fois sous forme de spéculation au cours du premier mandat de Donald Trump. En janvier 2020, il a présenté son accord de paix pour le Moyen-Orient, qui prévoyait l'annexion par Israël de certaines parties de la Cisjordanie. Cette proposition a suscité de nombreux débats internes et externes, attirant à la fois des soutiens et aggravant la discussion déjà amère sur le conflit israélo-palestinien.

La proposition d'annexion a provoqué une onde de choc dans les communautés palestiniennes et leurs alliances fragiles. Elle a été perçue comme une action agressive de la part d'Israël, au mépris des traités internationaux et de la possibilité d'un État viable pour les Palestiniens. Les opposants au plan ont fait valoir qu'il compromettrait la possibilité d'un accord entre deux États, un objectif clé pour la région.

Les réactions internationales à la proposition d'annexion ont été mitigées. Certains pays ont soutenu la revendication d'Israël sur certaines zones, tandis que d'autres ont mis en garde contre des actions qui pourraient nuire à la stabilité de la région. L'Union européenne, par exemple, a mis en garde contre les conséquences d'une annexion unilatérale, tout en réitérant son engagement en faveur d'une résolution négociée.

Israël était également divisé à l'intérieur du pays. Les partisans de l'annexion ont mis en avant des facteurs sécuritaires et historiques, tandis que les opposants ont invoqué la position internationale d'Israël et ses relations avec les pays voisins. Ce débat a également

eu un impact sur la politique électorale, en influençant la politique
de coalition et l'opinion publique sur l'attitude du gouvernement
à l'égard de la politique territoriale.

Les revendications d'Israël ont paru excessives aux yeux de l'administration Trump, qui a clairement exprimé son soutien condi-
tionnel à l'annexion. Cependant, elle a encouragé la communication entre les dirigeants palestiniens et israéliens tout en déclarant
qu'Israël avait la liberté de prendre des décisions de manière au-
tonome. Cette stratégie s'inscrivait dans l'approche plus large
de l'administration dans la région, qui visait à défendre les intérêts d'Israël tout en maintenant des relations diplomatiques avec
d'autres partenaires régionaux, tels que l'Arabie saoudite et les
Émirats arabes unis, qui avaient tous deux exprimé des inquiétudes
au sujet de l'annexion. L'équilibre entre ces relations a posé des
problèmes complexes à l'administration.

Le cheminement des plans d'annexion de la Cisjordanie au cours
du premier mandat du président Trump met en évidence les différents griefs, les calculs géopolitiques et les différentes imagina-
tions concernant l'avenir de la région. Les conséquences possibles
de ces actions, notamment l'escalade potentielle de la violence,
l'isolement international accru d'Israël et l'érosion de la solution
à deux États, dans le contexte de relations de pouvoir régionales et
mondiales plus profondes, méritent un examen approfondi dans
un environnement géopolitique qui évolue rapidement.

Changements de politique sous une deuxième ad-
ministration

Tout en essayant d'envisager les changements de politique possibles sous une deuxième présidence Trump concernant le conflit

israélo-palestinien, il est également important d'examiner les facteurs émergents et les signes clés qui marqueront probablement les limites de leur horizon de planification. L'un des facteurs révélateurs sera la mesure dans laquelle le plan « Paix pour la prospérité » sera maintenu ou ajusté pour obtenir l'adhésion des électeurs, des parties prenantes et des réalités de la région. En outre, il faudra ajuster la portée et l'objectif des partenariats diplomatiques nouvellement formés. Le degré de convergence avec les États arabes et Israël autour de l'objectif principal et pivot de l'autonomie, de la souveraineté, de la sécurité et du développement économique des Palestiniens est également important. Par ailleurs, l'interaction entre la dynamique politique interne d'Israël et celle des territoires palestiniens dans l'évolution du dialogue multilatéral mérite d'être étudiée. Bien qu'elle domine la région, quelle sera l'implication internationale de l'administration Trump dans ce qu'elle cherche à laisser comme héritage dans la région ? Une évaluation de la volonté d'engagement et de médiation sera nécessaire.

En outre, les discussions sur le statut juridique des colonies israéliennes, les possibilités d'échange de terres et les définitions des frontières auront probablement un impact sur les changements politiques envisagés. Le manque de fiabilité des États-Unis quant aux accords antérieurs et leur approche des résolutions de l'ONU créent de nombreuses complexités pour parvenir à une paix viable et durable. Nous analysons ici les discussions autour d'une éventuelle restructuration de l'allocation de l'aide, qui comprend une augmentation des dépenses à des fins humanitaires et dans le contexte plus large de l'assistance non militaire. Enfin, un amalgame de conseillers en politique étrangère, de diplomates de haut rang et d'acteurs institutionnels éclairera la manière dont ces changements ou cette inertie seront compris. Ces facteurs révèlent les difficultés à discerner les intentions politiques dans le contexte d'une hypothétique deuxième administration Trump et la manière dont elle pourrait répondre au conflit israélo-palestinien.

La solution à deux États : la faisabilité sous Trump

La solution à deux États est un élément déterminant de la diplomatie mondiale concernant le conflit israélo-palestinien depuis des décennies. Cependant, sous la présidence de Trump, la possibilité de cette solution s'est heurtée à des difficultés et à des incertitudes majeures. Contrairement aux administrations précédentes, le président Trump a embrassé sans réserve Israël et a mené des politiques qui ont rendu impossible la solution à deux États. Il a semblé prendre toutes les mesures possibles pour s'assurer qu'un État palestinien indépendant n'était pas une option tout au long de sa présidence.

La désignation de Jérusalem comme capitale israélienne a notamment entraîné des violences et des conflits dans la région. Lorsque le président Trump a déplacé l'ambassade des États-Unis en Israël, cette décision a été considérée comme radicale. Cette décision peu orthodoxe a polarisé davantage le spectre politique américain, ce qui a donné lieu à un discours international où il n'existait pas de terrain d'entente. Toutes les tentatives faites pour résoudre le problème ont été vouées à l'échec. La décision a annulé toutes les tentatives visant à rationaliser équitablement les restrictions sans cesse croissantes imposées à la Palestine et a limité les discussions concernant la création d'un État souverain à Jérusalem-Est, où les Palestiniens pourraient s'installer et prospérer.

En outre, l'interaction étroite de l'administration Trump avec les dirigeants israéliens et la suspension de l'aide à l'Autorité palestinienne ont compliqué le puzzle des deux États. L'administration s'est alignée sur la politique « Un seul Israël d'abord » du Premier ministre israélien Benjamin Netanyahou, en prônant des actions israéliennes débridées sur le terrain, ce qui a suscité des critiques selon lesquelles cela pourrait étouffer complètement les négociations. En outre, l'affaiblissement et la réorientation de l'assistance financière visant à développer l'aide humanitaire aux Palestiniens ont soulevé des questions quant à la volonté de créer une atmosphère propice à une solution à deux États.

Par conséquent, les développements stratégiques survenant durant la présidence de Trump ont nettement réduit les chances de voir la solution à deux États devenir réalité. Contrairement aux administrations précédentes, qui soutenaient inconditionnellement la création d'un État palestinien, les politiques préconisées par l'administration Trump ont jeté le doute sur l'existence de plans réalistes pour un tel résultat. Les répercussions de ces changements de politique ont été ressenties dans toute la région, façonnant les points de vue des Israéliens et des Palestiniens, et modifiant l'environnement des futures initiatives de paix. Dans ce contexte, l'examen de la question de savoir si une solution à deux États est possible avec Trump à la tête des États-Unis est assurément essentiel.

Préoccupations en matière de sécurité : collaboration et tensions

Dans les conversations diplomatiques et les désaccords sur les guerres, les conflits et les questions politiques liées au terrorisme, les préoccupations sécuritaires semblent être impératives pour définir l'agenda politique concernant le conflit israélo-palestinien. L'interaction entre la collaboration et les tensions entre le gouvernement israélien, les dirigeants palestiniens et les États-Unis détermine le cadre de sécurité de la région. Les efforts coordonnés visant à améliorer la sécurité grâce à la coopération en matière de renseignement et aux activités de lutte contre le terrorisme ont été cruciaux pour relever les défis actuels. L'échange d'informations et les programmes de formation conjoints ont souvent permis d'instaurer un climat de confiance propice à la coopération. Cependant, derrière toutes ces collaborations se cachent d'importantes sources de conflit : des questions historiques, des différends fonciers et des divergences variables en matière de préoccupations sécuritaires. Une coopération durable est un défi majeur en raison de la violence persistante, des causes profondes de méfiance et de l'hostilité persistante. L'implication d'acteurs extérieurs, tels que les pays voisins et d'autres organisations internationales, complique une situation déjà complexe en matière de sécurité. Leurs actions peuvent soit atténuer le conflit, soit accroître l'ampleur de la violence, ce qui témoigne de la nature délicate de l'hégémonie régionale. En outre, le conflit est multidimensionnel et son interaction avec les facteurs socio-économiques, l'aide humanitaire et la politique en fait un enjeu complexe.

Par ailleurs, l'essor technologique crée de nouveaux défis en matière de sécurité qui doivent être abordés d'une manière inédite. Les tensions doivent être résolues de manière équilibrée sur les plans politique, social, économique et sécuritaire. Cette approche neutre et interdépendante est importante pour garantir que les politiques se concentrent sur la réduction des conflits et la promotion de la coopération en faveur de la paix et de la stabilité, et ainsi mettre fin aux tensions régionales à long terme.

Expansion des colonies : réactions nationales et internationales

L'expansion des colonies dans le conflit israélo-palestinien reste controversée et suscite des réactions de la part des acteurs locaux et étrangers. En Israël, la politique d'expansion des colonies a été accueillie avec enthousiasme par la droite et les mouvements de colons, qui soutiennent l'expansion active des centres de population juifs en Cisjordanie et à Jérusalem-Est. Ils estiment que cette expansion est vitale pour les objectifs stratégiques d'Israël et pour exercer un contrôle sur des régions litigieuses.

D'autre part, à l'intérieur des frontières d'Israël, il existe des factions politiques de gauche et des groupes de défense des droits de l'homme qui, pour une raison ou une autre, s'opposent à l'expansion des colonies. Les critiques affirment que la poursuite de la construction et de l'expansion des colonies entrave les perspectives d'une solution constructive fondée sur la coexistence de deux États et aggrave la situation de la population palestinienne. Le discours public actuel sur l'expansion des colonies révèle une contradiction dans la façon dont la sécurité israélienne et la possibilité d'un règlement négocié sont conceptualisées par rapport à l'occupation israélienne prolongée.

L'expansion des colonies israéliennes a suscité et continue de susciter un fort sentiment politique à l'échelle internationale. Les Nations unies, l'Union européenne et d'autres États ont exprimé leur préoccupation quant à l'impact négatif de l'expansion des colonies sur la paix et la stabilité de la région. Diverses plateformes internationales n'ont cessé d'appeler Israël à mettre fin à ces activités, affirmant que de telles actions vont à l'encontre du droit international et constituent un obstacle à l'établissement d'une résolution pacifique du conflit.

En outre, la politique américaine en matière d'expansion des colonies a évolué en fonction de la manière dont les différentes administrations se sont alignées sur les politiques israéliennes. Alors que les administrations américaines précédentes ont critiqué et cherché à limiter l'expansion parce qu'elle entraverait les négociations de paix, l'approche adoptée par Trump a marqué un changement significatif. Le fait de reconnaître le contrôle israélien sur certaines colonies en Cisjordanie, sans pour autant condamner fermement cette politique, a représenté un changement dans la politique américaine. Cette approche a suscité des réactions mitigées de la part de la communauté mondiale et a compliqué davantage l'impasse dans laquelle se trouvent les efforts diplomatiques visant à résoudre le conflit qui perdure.

L'expansion des colonies reste l'une des questions centrales du conflit israélo-palestinien, car elle définit la portée des négociations, exacerbe la violence et façonne les perceptions relatives à l'équilibre des pouvoirs dans la région. Les subtilités qui sous-tendent cette question soulignent non seulement le caractère insoluble du conflit, mais aussi les difficultés à trouver une solution équitable et durable.

Aide humanitaire : l'aide américaine et les restrictions

Le conflit israélo-palestinien a toujours eu un caractère humanitaire et les États-Unis ont été particulièrement sensibles à l'aide apportée aux personnes impliquées dans ce scénario plutôt décourageant. Ils ont toujours été déterminés en ce qui concerne les programmes d'aide aux Palestiniens et se sont efforcés de répondre aux besoins des citoyens palestiniens par le biais d'une aide à la mise en place d'installations sanitaires, d'établissements d'enseignement, de construction d'infrastructures, etc. Cette tendance a connu une rupture sous l'ère Trump.

Au cours de son premier mandat, l'administration a imposé de sévères restrictions sur les dépenses d'aide aux Palestiniens en raison de soupçons de détournements de fonds et de mauvaise gestion. Cette décision a suscité de vives critiques, car de nombreuses personnes estimaient que le bien-être du peuple palestinien était déjà précaire et qu'il n'avait pas les moyens de survivre financièrement. Cette décision allait anéantir tout espoir de stabilité dans la région.

Parallèlement, les restrictions concernant la manière dont l'aide pouvait être apportée, telles que la suppression de l'aide à certains organismes palestiniens, ont également modifié le scénario humanitaire complexe et ont plutôt déplacé les fonds vers le parrainage de politiques conçues par les États-Unis. Ces actions ont lancé un débat sur l'utilisation de l'aide et sa légitimité morale, mais ont également provoqué des conflits diplomatiques pour les parties internationales concernées par la région.

Au cours de ces événements, d'autres acteurs mondiaux sont entrés en scène pour tenter de combler les lacunes causées par le retrait de l'aide américaine « pour le meilleur » - ou « pour le pire », selon le point de vue - et de protéger les populations vulnérables affectées. Quoi qu'il en soit, l'environnement modifié autour de la fourniture de l'aide modifie les dynamiques de pouvoir existantes au sein du système humanitaire, ce qui pose des défis supplémentaires en matière de coordination pour la fourniture d'une assistance continue et de services essentiels.

Avec l'éventualité d'un second mandat, le débat sur l'aide américaine aux Israéliens et aux Palestiniens ne manquera pas de resurgir. Il devient fondamental d'étudier les répercussions d'une certaine forme de continuité ou de changement dans l'aide sur le paysage humanitaire développé et sur le processus de paix dans son ensemble. Ainsi, l'examen du conflit israélo-palestinien nécessite une observation attentive des changements persistants dans la politique régionale et du système complexe de la politique d'aide.

Engagements diplomatiques : alliés et acteurs régionaux

Le conflit israélo-palestinien continue de susciter l'intérêt de nombreux diplomates spécialistes des relations internationales. Ce conflit, associé à des négociations avec des alliés ou des acteurs régionaux pertinents, reste nécessaire pour l'évolution future du reste de la région. Les engagements diplomatiques en cours offrent une lueur d'espoir en faveur d'une paix et d'une stabilité potentielles dans la région.

Comme c'est souvent le cas dans les conflits internationaux, les États-Unis, l'Union européenne et les États arabes ont, d'une manière ou d'une autre, exercé une influence sur les négociations et les initiatives de paix internationales, tout comme le reste du monde qui travaille sur des initiatives de paix. Leur participation active rassure le public sur l'engagement de la communauté internationale à résoudre le conflit.

Il est impératif de favoriser le dialogue et d'alimenter la stabilité régionale pour répondre au besoin urgent de paix dans la région. Le public doit ressentir l'urgence de la situation et la nécessité d'une action immédiate.

Les États-Unis ont toujours été et resteront probablement un

sujet de préoccupation important dans les affaires israélo-palestiniennes. Sullivan tente de calmer toutes les parties en conflit. Historiquement, il propose des alternatives à la lutte ou à la recherche
d'autres solutions. Avant d'essayer de parler, il s'adresse d'abord à
la partie la moins influente entre les deux pour voir si des solutions
alternatives peuvent être trouvées. Elle est moins antagoniste si elle
a un accord avec Israël, ce qui a été le cas récemment.

Opérateur du dialogue de persuasion : l'administration précédente s'est presque entièrement concentrée sur Israël et a ignoré
toute velléité d'engagement palestinien. On pourrait parler d'une
approche de politique motivationnelle. Après la période de tentative d'intégration des frontières, la politique précédemment énon-
cée a ordonné des accords inconditionnels pour s'engager avec
Israël et a négligé la Palestine, vantant les résultats positifs pour la
paix qui en découlent.

Le paysage pourrait être modifié après un changement d'administration. Les opposants Biden-Harris prendront certainement des
risques, en encourageant les alliés traditionnels des États-Unis à
reconsidérer leurs engagements multilatéraux en restructurant ou
en réamorçant les routines de rencontre avec les partenaires.

Le rôle frontalier de la Jordanie et de l'Égypte dans les accords
de paix a été déterminant dans le conflit géopolitique. En raison de
leurs amitiés avec Israël, ces États-nations ont fait un certain nombre de tentatives diplomatiques et pris des mesures pertinentes
pour maintenir la paix dans la région. Ces pays sont tenus de participer et d'aider à une médiation constructive entre les belligérants
sur la base de leurs traités de paix existants avec Israël.

En outre, des accords de modération tels que les « Accords
d'Abram » ont ouvert de nouvelles voies de coopération, non
seulement entre les États arabes, mais aussi avec Israël, et ont
contribué à l'établissement de relations plus fortes. Les nouvelles

amitiés et le réchauffement des relations entre Israël et les Émirats arabes unis, le Bahreïn et le Soudan laissent entrevoir un nouveau paradigme géopolitique, très positif, mais qui aura aussi des conséquences importantes sur le conflit israélo-palestinien. Les partenariats économiques et la sécurité partagée transformeront une collaboration sans précédent entre ennemis en une collaboration entre alliés.

Nous ne pouvons pas ignorer le rôle de l'Union européenne et d'autres organisations mondiales qui fournissent de l'aide humanitaire, soutiennent la diplomatie et mènent des activités socialement significatives. L'implication de l'UE motive le dialogue et contribue à des initiatives constructives, soulignant l'essence de la coopération multilatérale dans les méandres du conflit israélo-palestinien. Compte tenu de l'impact de ces efforts diplomatiques mondiaux, une paix durable et la résolution du conflit restent l'objectif ultime, qui nécessitera toujours des approches multilatérales continues, des relations bilatérales révisées et des changements réfléchis dans le contexte environnant de la région.

Conclusion : continuités, changements et perspectives d'avenir

Cela fait des décennies, voire des siècles, que le conflit israélo-palestinien persiste sans trouver de solution. Étant donné le contexte de guerres et de traités de paix peu fréquents, comme celui enduré par Israël et la Palestine au fil des ans, ce conflit est resté omniprésent. En nous concentrant sur ce chapitre, nous avons examiné les tactiques durables et les changements qui ont eu lieu dans la gestion du conflit, y compris toutes les relations diplomatiques avec les alliés et les acteurs régionaux. L'un des problèmes persistants qui a accaparé les nations composantes est celui de la lutte pour la domination. La lutte entre Israël et les Palestiniens pour la création d'un État est l'un des nombreux défis qu'Israël a lui-même relevés. Les négociations ultérieures ne parviennent toujours pas à aboutir en raison de questions fondamentales telles que le statut de Jérusalem.

En outre, l'entrée et la sortie de territoires voisins, tels que la Jordanie et l'Arabie saoudite, ajoutent encore à la complexité de ce conflit. D'autre part, les changements survenus au Moyen-Orient, y compris le traité de normalisation jordanien avec d'autres pays arabes, sont susceptibles d'améliorer ou d'aggraver la position d'Israël à l'égard de la Palestine. La coexistence pacifique nécessiterait sans doute de repenser des techniques innovantes pour donner aux citoyens palestiniens la liberté de développer leur État. Mais pour l'heure, une diplomatie repensée de la part de toutes les personnes déléguées est indispensable.

Les efforts nécessaires pour instaurer la confiance et le dialogue, tout en veillant au bien-être des Israéliens et des Palestiniens, ne seront pas de tout repos. Répondre aux besoins humanitaires et développer l'économie dans les territoires palestiniens est tout aussi essentiel pour parvenir à la paix en Israël et en Palestine. Si l'on examine les différents aspects du conflit israélo-palestinien, il reste encore beaucoup à faire, notamment en ce qui concerne le rôle de l'Iran et de la Turquie et la manière dont ils exercent une influence extérieure. Une approche plus pratique de la solution nécessite un investissement en temps plus long, une créativité prudente en matière de diplomatie et un meilleur sens du jugement guidé par l'histoire, la culture et la politique. Face à ces obstacles, l'élaboration d'une stratégie formulée reste utile : l'instauration de la paix présente de nombreux avantages. Pour résoudre le conflit israélo-palestinien, les dirigeants mondiaux doivent faire preuve d'esprit critique tout en trouvant des approches pratiques à des luttes profondément enracinées et travailler activement à l'établissement d'une paix durable.

6

Stratégie pour l'Iran

Réexamen de la pression maximale

Contexte historique : la pression maximale sous Trump

La stratégie de « pression maximale » concernant l'Iran a été l'un des aspects marquants des approches de politique étrangère de Trump, qui diffèrent considérablement de la politique de l'administration précédente dans cette région. Cette politique a été mise en œuvre en 2018 dans l'espoir de contraindre l'Iran à réformer le Plan d'action global conjoint (JCPOA) ou au moins de le forcer à modifier ce que le gouvernement des États-Unis considérait comme des aspects de l'accord susceptibles de le faire échouer. Cette stratégie de « pression maximale » visait à démanteler systématiquement les capacités économiques, diplomatiques et militaires du gouvernement iranien en sapant par la force ses principales politiques : cesser de financer des groupes militants et des programmes de missiles, et modifier sa position générale sur les politiques relatives au Moyen-Orient. Cette politique reposait sur l'hypothèse que des sanctions implacables combinées à un ostracisme international croissant amèneraient Téhéran à la table des négociations. Cette politique a été mise en œuvre par une combinaison d'approches impliquant le rétablissement de sanctions étendues sur les secteurs économiquement vitaux de l'Iran : l'énergie, la finance et le transport maritime, ainsi que le commerce international. Parallèlement, l'administration Trump a tenté de galvaniser le soutien d'autres États pour étrangler économiquement l'Iran en se retirant du JCPOA et en encourageant les autres signataires à en faire de même.

L'augmentation de la militarisation de la région, ainsi que la rhétorique et la propagande exacerbées, ont fait monter la tension et ont exacerbé la crainte d'un conflit. L'administration était déterminée à poursuivre cette stratégie malgré l'opposition farouche de ses alliés de longue date et des institutions mondiales. Le développement de la pression maximale au cours du premier mandat de M. Trump a mis en évidence les systèmes complexes de politique intérieure, le rééquilibrage des puissances mondiales et les contre-mesures de l'Iran. En conséquence, l'efficacité de cette politique a fait l'objet d'un débat houleux, ses partisans affirmant qu'elle avait permis de réduire l'activité iranienne dans la région. Dans le même temps, les opposants ont souligné l'impact humanitaire sévère de la politique et l'incapacité à atteindre ses objectifs

Sanctions globales : objectifs et mise en œuvre

L'application de sanctions absolues à l'encontre de l'Iran a été un élément clé de l'approche de la pression maximale, visant à atteindre un certain nombre d'objectifs stratégiques. Ces sanctions sont conçues pour limiter les capacités nucléaires et balistiques de l'Iran, qui sont considérées comme des risques existentiels pour l'ordre mondial et local. La stratégie consiste à exercer une pression économique sur le régime en gelant les secteurs de l'énergie, de la finance et du transport maritime, dans l'espoir de forcer l'Iran à reconsidérer ses actions de manière à promouvoir la paix dans le monde.

Outre la modification de la pensée stratégique de l'Iran, les sanctions visent également à réduire la capacité de financement du régime pour ses mandataires et d'autres acteurs non étatiques dans la région. Elles visent également à perturber le financement et à interrompre les voies de financement illicites afin de réduire l'influence de l'Iran dans la déstabilisation d'autres pays et dans la conduite de guerres dans la région. Ces mesures visent également à augmenter le prix à payer par l'Iran pour ses actions agressives, décourageant ainsi d'autres tentatives de domination et d'expansion régionales.

L'approche globale adoptée par les sanctions inclut la coopération de divers partenaires internationaux, en mettant l'accent sur les obstacles au commerce, à l'investissement et à la technologie avec l'Iran. Cela permet de construire une opposition cohérente contre les entreprises iraniennes, soulignant ainsi l'unité internationale face aux actions de l'Iran. L'application des sanctions par une coalition de pays renforce l'impact de ces actions et contribue à faire comprendre l'importance du respect des normes de conduite mondiales.

Les sanctions globales posent des problèmes et ont des implications, même si elles reposent sur une base solide et logique. Les signaux d'alerte concernant les éventuelles conséquences humanitaires des sanctions sur le peuple iranien doivent être examinés afin de ne pas faire peser une charge indue et disproportionnée sur des civils innocents. En outre, il est nécessaire de tenir compte de la manière dont les sanctions seront appliquées, car leur succès dépend du niveau de mise en œuvre et de l'efficacité des mesures d'évitement prises par les entités. Ces approches visant à lutter contre l'évasion et à garantir la coopération avec les politiques de sanctions font partie intégrante de leur mise en œuvre.

Alors que le monde tente de répondre aux questions complexes liées à l'imposition de sanctions globales, il est crucial d'évaluer constamment leur efficacité et de les modifier en fonction des conditions émergentes. La recherche d'un équilibre entre la force de la pression, le dialogue diplomatique et l'exploration de mesures visant à réduire les tensions aura un impact considérable sur l'efficacité de ces sanctions à modifier les actions de l'Iran et à instaurer la paix au Moyen-Orient. Ce processus continu d'évaluation et de modification garantit que la politique reste adaptable et effica

Isolement diplomatique : renforcer les alliés et isoler l'Iran

Tout en essayant de limiter les activités de l'Iran, « l'isolement diplomatique » a été l'un de leurs principaux outils pour tenter de contenir ses activités instables au Moyen-Orient. Avec le soutien de leurs alliés et partenaires dans la région, les États-Unis ont tenté de former une contre-alliance cohérente pour contrer l'expansion iranienne et de tenir le régime pour responsable de ses actes. Cette approche vise à contrer la diplomatie iranienne tout en forgeant de nouveaux partenariats régionaux. Les efforts déployés à l'égard de l'Iran se sont concentrés sur la recherche d'un soutien international, dans le but de contenir l'attitude agressive de l'Iran et les menaces qu'il fait peser sur la stabilité du Moyen-Orient. Il est essentiel de coordonner la diplomatie internationale pour attirer l'attention du monde sur le phénomène de l'Iran et ses politiques terroristes, qui créent et entretiennent la violence dans le monde. L'objectif principal est d'inciter les puissances concernées à souligner la nécessité pour l'alliance de prendre des mesures communes contre les actions agressives de l'Iran qui ignorent les lois internationales et ses actions unilatérales. En outre, le renforcement de la collaboration au niveau multilatéral a été essentiel pour souligner l'existence d'un consensus sur les questions des missiles balistiques iraniens, du terrorisme et de l'ingérence de l'Iran dans la souveraineté d'autres pays.

L'accent mis sur l'isolement diplomatique renforce l'idée que le monde entier est uni pour faire en sorte que l'Iran soit puni pour ses méfaits. Parallèlement, des efforts concertés ont été déployés pour améliorer les relations avec les pays proches de l'Iran afin d'isoler davantage l'Iran et de réduire son influence. L'idée est de renforcer les liens avec les pays qui s'inquiètent également du comportement de l'Iran afin de former une coalition d'États partageant les mêmes idées et consacrés au maintien de la paix et de l'ordre au Moyen-Orient. Cette approche s'appuie sur des intérêts de sécurité partagés et des objectifs stratégiques communs pour constituer un front uni contre l'agenda hostile de Téhéran. La diplomatie cherche également à exacerber les coûts socio-économiques d'une prise de position en faveur de l'Iran, persuadant ainsi les gouvernements d'ajuster leurs politiques et de se tourner vers la communauté internationale. L'étranglement de l'Iran par l'isolement diplomatique est complété par un engagement constant auprès des acteurs régionaux et des organisations internationales, soulignant la nécessité d'une réponse unie contre les actions imprudentes de l'Iran. Ce plan cherche à utiliser la diplomatie pour créer une coalition forte qui augmentera l'impact des actions de l'Iran tout en renforçant les alliés et en isolant Téhéran sur le plan diplomatique.

Impact sur l'économie iranienne : analyse des conséquences économiques

La stratégie de pression maximale des États-Unis sur l'Iran visait à perturber complètement l'économie du pays. Les États-Unis ont imposé des restrictions sévères aux secteurs clés de l'Iran, tels que les exportations de pétrole, les banques et le transport maritime. Ces sanctions ont eu de lourdes répercussions sur l'économie iranienne.

Le dommage le plus grave causé à l'économie iranienne a été la diminution des revenus du pétrole, qui était l'une des principales sources de revenus de l'Iran. En raison des sanctions accrues, les exportations de pétrole ont été limitées au point qu'il était impossible de générer des recettes en devises, ce qui a entraîné une augmentation des déficits budgétaires, une dévaluation inflationniste de la monnaie et une dévaluation de la monnaie locale, qui est essentielle pour l'économie nationale et le bien-être de la population. En outre, les sanctions financières ont considérablement restreint l'accès de l'Iran à l'infrastructure bancaire mondiale, ce qui a rendu impossible les transactions commerciales internationales et entre pays.

Les effets négatifs des sanctions ont également été facilement observés dans de nombreuses entreprises et industries en Iran. Le manque d'accès aux importations essentielles et aux technologies, ainsi que l'amélioration des chaînes d'approvisionnement, ont freiné la croissance économique et entraîné un taux de chômage élevé. Ces problèmes ont non seulement nui à la vie quotidienne des Iraniens, mais ils ont également accru la frustration antigouvernementale, ce qui a conduit à de nouveaux troubles civils.

Face aux pressions économiques découlant de la « politique de pression maximale », le gouvernement iranien a mis en place des stratégies nationales pour en atténuer l'impact. Il a notamment tenté de soutenir les exportations non pétrolières, de dévaluer la monnaie et de prendre des mesures d'austérité. Toutefois, ces stratégies ont accentué les tensions sur l'économie et l'inflation, réduit le pouvoir d'achat et le niveau de vie, et aggravé et prolongé les problèmes inflationnistes préexistants.

En outre, la récession économique a eu des répercussions sur d'autres pays au niveau mondial et économique. Les partenaires commerciaux immédiats de l'Iran ont vu leurs relations économiques avec leurs partenaires commerciaux et leurs alliés gravement perturbées, et le reste du monde est devenu de plus en plus inquiet face à la volatilité de l'offre et à l'incertitude découlant du paysage géopolitique. Ces changements ont également amené les pays du Moyen-Orient à revoir leur approche du commerce et de l'investissement en raison de l'évolution du contexte des sanctions et des attentes en matière de stabilité dans la région.

Les répercussions économiques, l'influence internationale et l'examen minutieux ont démontré la validité de la stratégie de pression maximale. Les observateurs ont analysé cette approche et tenté d'en comprendre les conséquences et l'efficacité. Il est essentiel d'étudier l'impact sur l'économie iranienne et d'analyser les facteurs socio-économiques et les systèmes politiques actuels, ainsi que les intégrations régionales. Cette analyse permettra de comprendre les vastes conséquences de l'application soudaine de politiques de pression maximale sur l'économie iranienne.

Réponses régionales : réactions des États du Moyen-Orient

Contrairement aux autres nations, les pays du Moyen-Orient ont réagi dans des cadres différents. Des pays comme les Émirats arabes unis et l'Arabie saoudite ont fait preuve d'une excitation mêlée de prudence, révélant un désir de limiter la puissance régionale de l'Iran. L'approche de la pression maximale a eu un effet, puisque ces pays ont modifié leurs politiques pour s'aligner davantage sur les États-Unis, qui s'opposent directement à l'Iran.

À l'inverse, le Qatar et Oman ont adopté une approche plus souple, invoquant leurs inquiétudes quant aux risques potentiels de déstabilisation du conflit entre les États-Unis et l'Iran. Ces pays ont entretenu des relations diplomatiques tendues, faisant la navette entre les parties en conflit pour tenter de favoriser le compromis et de préserver l'ordre dans la région.

Par ailleurs, la réaction d'Israël à la campagne de pression maximale a été complexe et multiforme. Bien qu'Israël ait tendance à soutenir une approche plus agressive à l'égard de l'Iran, des politiques plus sévères soulèvent le risque d'un retour de bâton important, que ce soit par des représailles de la part de l'Iran ou de ses mandataires. L'évolution de la dynamique offre à Israël de nombreuses opportunités stratégiques, mais compte tenu de la nécessité d'ajuster ses politiques de défense et d'autres ressources alliées, Israël doit repenser ses efforts de collaboration avec d'autres alliés régionaux importants.

La politique de la Turquie à l'égard de la campagne de pression maximale ajoute à la complexité de la position de la Turquie en raison de son objectif global vis-à-vis des États du Conseil de coopération du Golfe. La Turquie entretient une rivalité historique avec certains pays du Golfe. Ankara s'est opposée à l'idée d'une approche agressive à l'égard de l'Iran et a tenté de poursuivre ses stratégies de maintien de l'ordre régional tout en protégeant les intérêts de la Turquie.

Les réactions régionales à la campagne de pression maximale mettent en évidence l'équilibre des alliances, des rivalités et des questions de sécurité concurrentes au Moyen-Orient. Alors que la région réagit à ces variations des prix du pétrole, les décideurs doivent équilibrer stratégiquement les points de vue divergents afin de parvenir à un accord et d'atténuer les conflits. En fin de compte, plus la réponse de la région sera importante, plus la stratégie de pression maximale aura de répercussions, ce qui compliquera la stratégie déjà existante de puissance douce, de diplomatie irakienne complexe et de négociation pragmatique avec l'Iran.

Dissuasion militaire : évaluation des postures et des stratégies de sécurité

Compte tenu de l'évolution de l'influence de l'Iran, la question de la dissuasion militaire est tout aussi importante pour les acteurs régionaux et les superpuissances. L'évaluation des postures et des stratégies de sécurité doit prendre en compte les multiples facettes des alliances, des rivalités et des animosités historiques qui forment l'architecture de la sécurité de la région. Dans le cas des États du Golfe, l'existence d'une menace iranienne a catalysé un degré important de modernisation militaire et la formation d'alliances stratégiques avec d'autres puissances mondiales, y compris les États-Unis. Les craintes de longue date concernant le soutien de l'Iran à des militants mandataires et ses capacités nucléaires ont également conduit Israël à réaliser des investissements substantiels dans le domaine de la défense et à prendre des mesures de sécurité proactives.

L'approche d'un conflit dans lequel la puissance peut s'appuyer sur une guerre asymétrique peut être décrite comme étant de longue haleine. La stratégie de dissuasion est le défi lancé par un État puissant aux forces par procuration et non conventionnelles. Ainsi, presque toutes les politiques militaires régionales combinent des éléments de contre-insurrection avec des systèmes de cyberdéfense et des boucliers contre les missiles pour combler les lacunes laissées par la stratégie militaire traditionnelle.

En outre, le caractère profondément interconnecté des conflits régionaux souligne la nécessité d'une compréhension globale de la dissuasion militaire et d'une stratégie intégrée. Les conflits yéménite, syrien et irakien posent des dilemmes complexes en matière d'intersécurité qui nécessitent des calculs complets des interactions et interdépendances locales, régionales et internationales. Ces interconnexions exigent également, par exemple, une réaction rapide des forces alliées, un partage actif de l'information et une coordination pour garantir une réponse adéquate aux activités déstabilisatrices.

Dans le contexte de la rivalité entre les nations les plus puissantes, la fusion des activités militaires, économiques et diplomatiques rend encore plus difficile la formulation de politiques de dissuasion efficaces. Pour les États-Unis, qui sont l'un des acteurs mondiaux, le calcul stratégique consiste à équilibrer l'attention accordée aux alliés régionaux et la nécessité de contrôler l'escalade et de poursuivre d'autres intérêts géopolitiques primordiaux. Dans le même temps, l'implication croissante de la Russie et de la Chine dans la région du Moyen-Orient ajoute une complexité supplémentaire à la dynamique de la sécurité régionale, ce qui nécessite un examen minutieux des politiques de dissuasion existantes.

En fin de compte, l'évaluation des cadres de sécurité et des activités de l'Iran dans la région nécessite une perspective globale en raison de la complexité de l'évolution des conflits. Une dissuasion militaire efficace, en particulier, exige une surveillance continue des menaces émergentes, un équilibre minutieux des crises régionales interconnectées et une collaboration active avec les partenaires pour stabiliser le Moyen-Orient.

La question nucléaire : l'endiguement contre la négociation

La question du nucléaire iranien est présente dans les analyses de la politique mondiale depuis un certain temps. Le discours sur les activités nucléaires controversées de l'Iran s'articule autour de deux approches possibles : l'endiguement et la négociation. Certains analystes politiquement motivés préfèrent l'idée de l'endiguement, qui suggère de limiter la propulsion nucléaire de l'Iran par des sanctions sévères, la force militaire et l'isolement diplomatique. Parfois défini comme la prévention de cadres habilitants, les partisans de l'endiguement soutiennent que celui-ci est essentiel pour mettre fin à la militarisation et maintenir l'équilibre régional. Les négociations, quant à elles, impliquent une certaine forme de dialogue ou de diplomatie avec le régime iranien en vue de parvenir à un accord limitant le traitement des combustibles à des niveaux non susceptibles d'être utilisés comme armes, tout en autorisant le développement de l'énergie. Cette solution tente de répondre à une préoccupation en désamorçant la menace d'une course au nucléaire dans la région. L'application de certaines mesures, telles que les sanctions économiques et une présence militaire autoritaire, a eu un succès mitigé dans la réduction des activités nucléaires de l'Iran. Il est généralement admis que les efforts internationaux ont, dans une certaine mesure, ralenti les plans de l'Iran visant à développer des capacités d'armement nucléaire. Néanmoins, la plupart des gens reconnaissent que le risque d'escalade vers un conflit militaire est plus important. En outre, le peuple iranien est confronté à des dilemmes éthiques extrêmes en raison des mesures d'endiguement sévères qui ont été mises en place.

D'autre part, les efforts de négociation précédents, tels que le plan d'action global conjoint (JCPOA), ont cherché à résoudre l'impasse nucléaire en utilisant la diplomatie multilatérale parallèlement aux restrictions de la capacité nucléaire de l'Iran avec des limitations de portée acceptables sur le plan diplomatique. Néanmoins, le débat sur le succès du JCPOA et sa valeur durable est resté profondément divisé, ce qui contribue aux perceptions contrastées concernant la possibilité de négociations diplomatiques. Pour résoudre l'énigme nucléaire, le monde doit faire face à la double complexité des mesures d'endiguement et de négociation. Cela nécessite une appréciation approfondie des facteurs internes qui déterminent la politique de l'Iran, ses ambitions régionales et ses besoins en matière de sécurité. Par ailleurs, toute tentative de formulation d'une politique doit prendre en compte les risques et les opportunités présentés par chaque plan d'action disponible pour les décideurs politiques. En fin de compte, la résolution de l'énigme nucléaire dépendra de la convergence des intérêts concurrents, de la réduction de la méfiance stratégique et d'une diplomatie authentique. La dynamique de l'endiguement et de la négociation est au cœur de l'un des défis les plus critiques de la sécurité et de la stabilité mondiales, soulignant la nécessité de réponses politiques mieux coordonnées et d'une action commune au niveau international.

Droits de l'homme et troubles intérieurs : la dynamique interne en Iran

Depuis un certain temps, l'Iran fait l'objet de nombreuses critiques concernant les droits de l'homme et les dissensions internes. La dynamique interne d'une nation présente de multiples facettes et les sphères politiques, sociales et culturelles sont cruciales pour la stabilité interne et l'image internationale de l'Iran. Le peuple iranien attend des réformes et le respect des droits de l'homme. Différents groupes de la société se sont sentis frustrés par les mesures injustes prises à l'encontre des individus. La manière dont le gouvernement a géré les troubles intérieurs, en particulier après les élections présidentielles de 2009 et les manifestations qui ont suivi, a clairement montré que le régime était prêt à affirmer son autorité. Elle a également montré à quel point le gouvernement n'était pas à l'écoute de la société civile, qui souhaitait obtenir plus de libertés et moins de contrôle sur sa vie. Cette partie aborde les facettes multidimensionnelles et profondes des problèmes internes de l'Iran et des formes contemporaines de dissidence. Elle examine les réponses du gouvernement à la dissidence ainsi que les réalités sociopolitiques de l'activisme et de la défense du changement par le bas.

En outre, l'évaluation des effets de la classe sociale, des changements démographiques et des différences liées à l'âge est essentielle pour comprendre les changements sociopolitiques en Iran. La communauté internationale a suivi de près les questions relatives aux droits de l'homme et les troubles internes, qui sont devenus des sujets de premier plan dans les relations internationales et les discussions géopolitiques. L'association des questions de droits de l'homme et de la politique étrangère est devenue un débat contesté qui a modifié la manière dont de nombreux États et organisations internationales traitent l'Iran, individuellement et par le biais de coalitions. Il est essentiel de comprendre l'interaction entre les droits de l'homme et l'agitation interne en Iran afin d'élucider les conséquences pour la paix régionale, les relations internationales et la responsabilité morale. En fin de compte, l'analyse de ces phénomènes à l'intérieur des frontières de l'Iran est cruciale pour comprendre la complexité du système sociopolitique iranien et ses relations avec les autres pays du Moyen-Orient.

Évaluations et critiques : perspectives internationales et nationales

L'approche de la « pression maximale » à l'égard de l'Iran a fait l'objet d'évaluations et de critiques mitigées, tant au niveau international qu'au niveau national. Dans le monde extérieur, la position adoptée par les États-Unis a suscité des opinions et des analyses diverses. Certains pays ont exprimé leur soutien à la lutte contre les aspirations régionales et les programmes nucléaires de l'Iran. D'autres, en revanche, s'inquiètent de l'efficacité de mesures aussi sévères, notamment en ce qui concerne les relations diplomatiques. Certains alliés clés, notamment les puissances européennes, ont également été déchirés entre leur loyauté envers la stratégie et leurs idées différentes sur la meilleure façon de traiter l'Iran. Toutes ces opinions divergentes ont illustré les difficultés à élaborer un accord international unifié pour faire face au comportement de l'Iran. En outre, les institutions multilatérales se sont engagées dans une stratégie de pression maximale, qui a été soumise à la critique. Les débats au sein des Nations Unies et d'autres organismes ont fait apparaître des points de vue opposés. Sur le plan intérieur, la stratégie a également reçu un accueil mitigé. Aux États-Unis, certaines parties prenantes ont souligné la valeur de la stratégie en tant que moyen de limiter l'agression iranienne et de promouvoir les intérêts américains dans la région. Dans le même temps, d'autres critiques ont dénoncé les coûts humanitaires croissants de la stratégie et la pression qu'elle impose aux alliés traditionnels.

En outre, le débat entre les élites politiques a révélé de nouvelles divergences quant à la manière d'interagir avec l'Iran, ce qui laisse présager de nouveaux désaccords sur la manière de résoudre la question de manière optimale. De la même manière, le conflit sur la stratégie a déclenché des disputes et des discussions vigoureuses dans les milieux universitaires et politiques, ce qui a donné lieu à un échange intense d'idées et de points de vue. Un large éventail d'universitaires et d'experts ont contribué au débat en apportant une compréhension approfondie des dimensions géopolitiques, économiques et sécuritaires qui accompagnent l'approche de la pression maximale. Ils ont également abordé les perceptions du public, qui, sous leurs nombreuses formes, ont alimenté le débat sur la stratégie et son recalibrage ou sa poursuite résolue. La variété des interprétations, des analyses et des critiques souligne les difficultés à formuler des directives de politique étrangère, mettant en évidence le conflit d'intérêts et d'idéologies qui caractérise les relations internationales. Il est nécessaire de faire le tri pour trouver le bon équilibre entre les objectifs militaires, la diplomatie et la stabilité au niveau mondial

La voie à suivre : explorer les ajustements potentiels de la stratégie

Lorsque nous examinons les moyens d'ajuster la stratégie pour l'Iran que les États-Unis prévoient de poursuivre à l'avenir, nous constatons que certains éléments sont efficaces et qu'il est essentiel de trouver un équilibre entre leur utilité et les éventuelles conséquences négatives. Pour déterminer l'efficacité de la stratégie actuelle, il faut prendre en compte les multiples facettes des accords et des pressions. L'évaluation de l'équilibre entre engagement et pression en est un exemple. Une approche purement coercitive n'offre pas la possibilité d'un engagement constructif. D'un autre côté, il convient également de se concentrer sur la possibilité d'apaiser les tensions et de favoriser la paix dans la région.

En outre, il est essentiel de se concentrer sur l'impact humanitaire des sanctions sur la population iranienne et sur la manière de maintenir la pression sans causer de dommages excessifs à l'aspect humanitaire des choses. Cela signifie que les sanctions circulaires qui visent à contrôler le régime en place et non le peuple doivent être correctement élaborées. Dans le même temps, l'ouverture de dialogues et l'autonomisation des citoyens iraniens par le biais d'institutions culturelles, universitaires et de la société civile contribuent à cultiver des sentiments positifs et à répandre le bien commun.

Parallèlement, les États-Unis doivent continuer à chercher à développer un consensus international efficace et un cadre de coopération pour faire face aux actions de l'Iran. Cela implique de renouveler les voies diplomatiques et de former des pactes avec les parties prenantes concernées pour faire face collectivement aux questions de sécurité régionale et de droits de l'homme. Les États-Unis peuvent travailler avec leurs alliés et partenaires pour mettre en œuvre leur stratégie de manière efficace, car cela leur permet d'unifier leurs efforts et de présenter un message cohérent pour promouvoir l'adhésion aux normes internationales.

En outre, en ce qui concerne le programme nucléaire iranien, leurs politiques restent d'une pertinence cruciale et nécessitent une approche de réévaluation stratégique. Une approche équilibrée combinant une surveillance stricte, un allègement des sanctions subordonné à un respect vérifiable et une négociation active permet de maintenir les objectifs de non-prolifération tout en incitant l'Iran à s'acquitter de ses responsabilités.

La résolution de ce problème nécessite une analyse approfondie des facteurs internes de l'Iran et de l'évolution des réalités sociopolitiques. Cela implique un investissement plus important dans la collecte d'informations et une connaissance spécialisée de la population iranienne, permettant aux décideurs politiques de répondre aux besoins et au mécontentement des citoyens du pays.

En intégrant tous ces aspects et en adoptant une nouvelle approche impliquant une flexibilité diplomatique, une pression sélective, une coopération multilatérale et une compréhension approfondie, les États-Unis pourraient cultiver la stabilité, faire avancer leur agenda et améliorer les perspectives d'une relation plus positive avec l'Iran.

7

Domination énergétique

Impact sur les États du Golfe et les marchés mondiaux

Contexte historique : l'héritage de la politique énergétique de Trump

Au cours du premier mandat de Donald Trump en tant que président des États-Unis, son administration a mené une politique énergétique solide et ambitieuse pour parvenir à l'indépendance et à la domination énergétiques. L'administration Trump a libéré la production nationale d'énergie en supprimant les réglementations, en encourageant l'exploitation des combustibles fossiles et en soutenant l'expansion de l'industrie du pétrole et du gaz de schiste. L'un des éléments centraux de l'héritage de Trump en matière de politique énergétique est l'ac-

cent mis sur la déréglementation. L'administration a cherché à
supprimer les obstacles à l'extraction et à la production d'énergie
en formulant souvent des reculs réglementaires pour stimuler la
croissance économique et la création d'emplois. Cette approche a
entraîné des changements importants dans les protections environnementales et les politiques d'utilisation des terres, qui ont eu
un impact sur des domaines tels que le forage en mer, les émissions
de méthane et l'extraction du charbon. L'administration Trump
a également donné la priorité à l'expansion des infrastructures
pour le transport et l'exportation de l'énergie. Les efforts visant
à rationaliser les procédures d'autorisation pour les pipelines et
les terminaux de gaz naturel liquéfié (GNL) avaient pour but de
renforcer la position des États-Unis en tant que grand exportateur
d'énergie. Le développement des infrastructures s'inscrit dans une
stratégie plus large visant à renforcer la sécurité énergétique et à
promouvoir les intérêts énergétiques américains sur la scène internationale.

En outre, l'administration Trump a poursuivi une politique
de réévaluation des accords et engagements internationaux liés à
l'énergie et au changement climatique. Elle s'est notamment retirée de l'Accord de Paris sur le climat et a remis en question les
accords multilatéraux qui imposaient des restrictions en matière
d'émissions de carbone et d'utilisation des combustibles fossiles.
En distançant les États-Unis des accords et cadres mondiaux, l'administration a cherché à donner la priorité à la souveraineté énergétique américaine et à diminuer les contraintes perçues sur le
développement de l'énergie nationale. La poursuite agressive de la
domination énergétique sous l'administration Trump a suscité à
la fois des soutiens et des critiques. Les partisans ont loué l'accent
mis sur l'indépendance énergétique et la stimulation du secteur
énergétique national, soulignant le potentiel d'accroissement de la

sécurité nationale et des avantages économiques.

D'un autre côté, les critiques ont soulevé des inquiétudes quant à l'impact sur l'environnement, citant les dommages potentiels pour les écosystèmes, la santé publique et l'exacerbation du changement climatique. Au cours de la présidence de Trump, les politiques énergétiques de l'administration ont considérablement façonné le paysage des marchés nationaux et mondiaux de l'énergie. L'héritage durable du programme énergétique de Trump continuera à se répercuter sur les administrations suivantes et à influencer les débats en cours sur la politique énergétique, la durabilité et la gestion de l'environnement.

Impératifs stratégiques : la quête de l'indépendance énergétique

Alors que les États-Unis s'efforcent de renforcer leur position en tant que leader mondial de l'énergie, la quête de l'indépendance énergétique s'est imposée comme un impératif stratégique. Dans ce contexte, l'indépendance énergétique désigne la capacité d'un pays à satisfaire ses besoins énergétiques à partir de sources nationales, ce qui réduit la dépendance à l'égard du pétrole étranger et renforce la sécurité nationale grâce à l'autosuffisance énergétique. Cette volonté d'indépendance énergétique a des répercussions considérables sur la politique intérieure et la dynamique internationale. Au cœur de cette quête se trouve la conviction que la réduction de la dépendance à l'égard des importations de pétrole peut mettre les États-Unis à l'abri des vulnérabilités géopolitiques et des perturbations économiques résultant des fluctuations des prix mondiaux du pétrole et des ruptures d'approvisionnement. Pour parvenir à l'indépendance énergétique, il faut adopter une approche à multiples facettes englobant l'innovation technologique, les réformes réglementaires et l'investissement dans les infrastructures. L'expansion de la production nationale de pétrole et de gaz et les progrès dans le domaine des sources d'énergie renouvelables sont des éléments essentiels de cette stratégie. En outre, les efforts visant à rationaliser les procédures d'autorisation et à promouvoir l'efficacité énergétique contribuent à la poursuite de l'autosuffisance. L'indépendance énergétique est également importante pour renforcer la résilience de la nation face aux actions des pays exportateurs de pétrole ou des adversaires géopolitiques. Les États-Unis cherchent à atténuer les risques potentiels liés aux ruptures d'approvisionnement et aux tensions géopolitiques en diversifiant les sources d'énergie et en réduisant leur dépendance à l'égard de certaines régions riches en pétrole.

En outre, l'accent mis sur l'indépendance énergétique s'inscrit dans le cadre d'objectifs économiques et industriels plus larges, en favorisant la création d'emplois, la croissance économique et l'innovation technologique dans le secteur de l'énergie. Elle jette également les bases d'une bonne gestion de l'environnement en promouvant des alternatives énergétiques plus propres et en réduisant les émissions de carbone, qui sont des gaz nocifs libérés dans l'atmosphère et qui contribuent au changement climatique. La recherche de l'indépendance énergétique nécessite un équilibre délicat entre la promotion de la production nationale d'énergie et la prise en compte des préoccupations environnementales. Cet équilibre nécessite une politique réfléchie et une collaboration entre les secteurs public et privé afin de garantir un développement durable et responsable. Alors que les États-Unis continuent de tracer la voie vers l'indépendance énergétique, ils doivent faire face à des considérations géopolitiques, économiques et environnementales complexes. La recherche de l'autosuffisance en ressources énergétiques représente en effet un défi et une opportunité déterminants, qui façonnent le rôle de la nation sur les marchés mondiaux de l'énergie et influencent ses relations avec les principales régions productrices d'énergie dans le monde.

Ramifications géopolitiques pour les États du Golfe

La quête de domination énergétique de l'administration Trump a eu de profondes répercussions géopolitiques sur les États du Golfe, un terme utilisé pour désigner collectivement les pays bordant le golfe Persique, dont les économies sont intimement liées au marché mondial du pétrole. Ces relations englobent un réseau complexe de conflits, d'opportunités et d'alliances, qui façonnent la dynamique régionale et ont des répercussions sur la scène internationale. Tout d'abord, l'évolution de la politique des États-Unis vers l'indépendance énergétique a modifié l'équilibre traditionnel des pouvoirs dans la région du Golfe. Historiquement, la dépendance des États-Unis à l'égard des réserves pétrolières du Golfe a été la pierre angulaire de leur engagement envers ces pays, soutenant les garanties de sécurité et les partenariats stratégiques. Toutefois, à mesure que les États-Unis réduisent leur dépendance à l'égard du pétrole du Golfe, le calcul de leur engagement dans la région subit un rééquilibrage, ce qui incite les États du Golfe à réévaluer leur position stratégique et leurs alliances. En outre, l'évolution du paysage énergétique a introduit de nouvelles complexités dans le délicat équilibre des pouvoirs entre les États du Golfe. La montée en puissance des États-Unis en tant que principal producteur d'énergie a réduit l'influence des pays exportateurs de pétrole traditionnels, ce qui a modifié la concurrence et la collaboration au sein du Conseil de coopération du Golfe (CCG), et alimenté des changements dans la dynamique intrarégionale. Alors que les États du Golfe font face à ces changements, ils doivent relever les défis de la diversification de leurs économies et s'adapter à l'évolution des circonstances géopolitiques.

Par ailleurs, la domination énergétique a également intensifié la rivalité entre l'Arabie saoudite et l'Iran, tous deux en quête d'influence et de parts de marché dans un contexte mondial en pleine mutation. Les pressions économiques exercées par les fluctuations du marché pétrolier ont exacerbé les lignes de fracture politiques existantes, amplifiant les enjeux des conflits régionaux par procuration et accentuant les tensions. L'interaction des politiques énergétiques, des considérations sécuritaires et des inimitiés historiques souligne l'enchevêtrement complexe de la géopolitique énergétique dans le Golfe. Parallèlement, l'essor des technologies d'énergie renouvelable et la tendance mondiale à la durabilité représentent à la fois des défis et des opportunités pour les États du Golfe. Alors que le monde s'oriente vers des sources d'énergie plus propres, les économies du Golfe fondées sur les exportations d'hydrocarbures sont confrontées à l'impératif de la diversification et de l'innovation. Cette transition nécessite de repenser les modèles économiques, les stratégies d'investissement et le positionnement international. Elle oblige les États du Golfe à s'adapter à l'évolution du paysage énergétique tout en capitalisant sur leurs avantages comparatifs. En conclusion, la poursuite de la domination énergétique des États-Unis a ouvert une nouvelle ère de complexité géopolitique pour les États du Golfe, qui a un impact sur leurs relations, la dynamique de la sécurité et les perspectives économiques. La gestion de ces ramifications géopolitiques requiert doigté, prévoyance stratégique et adaptation proactive à un ordre mondial de l'énergie en constante évolution.

Impacts économiques sur les marchés mondiaux du pétrole

Les répercussions économiques de la politique de domination énergétique des États-Unis sur les marchés pétroliers mondiaux ont été profondes et étendues. Le changement du paysage énergétique américain, caractérisé par l'essor de la production de pétrole de schiste et la réapparition des États-Unis en tant que principal exportateur de pétrole, a considérablement modifié la dynamique du commerce et de la tarification de l'énergie à l'échelle mondiale. L'un des effets les plus visibles a été la dilution du monopole traditionnel de l'OPEP sur le marché du pétrole. L'augmentation de la production de pétrole de schiste aux États-Unis a accru la concurrence pour les pays exportateurs de pétrole traditionnels, les obligeant à réévaluer leurs stratégies de marché et leurs mécanismes de fixation des prix. En outre, l'afflux de pétrole de schiste américain sur le marché international a contribué aux fluctuations des prix du pétrole, remettant en cause la stabilité que les économies dépendantes du pétrole recherchaient traditionnellement. Au-delà de la dynamique de l'offre, la renaissance énergétique américaine a également eu un impact sur la demande. Alors que les États-Unis réduisent régulièrement leur dépendance à l'égard des importations de pétrole, la structure de la demande mondiale subit d'importantes modifications, ce qui entraîne des ajustements dans les comportements des consommateurs et des producteurs. Par ailleurs, l'indépendance énergétique accrue des États-Unis a remodelé les calculs géopolitiques des nations productrices de pétrole à travers le monde. Les alliances et dépendances traditionnelles sont réévaluées à mesure que l'impact de l'indépendance énergétique des États-Unis se répercute sur les corridors énergétiques établis.

Par ailleurs, la diversification des destinations d'exportation du pétrole américain a introduit de nouveaux éléments de concurrence et de coopération entre les acteurs mondiaux de la sphère énergétique. En réponse à ces changements structurels, les pays exportateurs de pétrole doivent adopter des politiques économiques plus diversifiées et plus résistantes afin d'atténuer les vulnérabilités découlant de leur dépendance à l'égard des recettes pétrolières. Cette tendance a également jeté les bases d'une collaboration stratégique entre les producteurs et les consommateurs d'énergie, favorisant des arrangements alternatifs pour la sécurité énergétique dans un paysage mondial en évolution. En fin de compte, les répercussions économiques de la domination énergétique des États-Unis vont au-delà de la simple dynamique du marché ; elles englobent des implications géopolitiques et diplomatiques essentielles qui continuent à façonner le comportement et les stratégies des acteurs traditionnels et émergents du marché mondial du pétrole.

La révolution du schiste : remodeler les relations entre les États-Unis et le Golfe

La révolution du schiste, marquée par l'expansion rapide de la production de pétrole et de gaz non conventionnels aux États-Unis, a considérablement modifié la dynamique des marchés mondiaux de l'énergie, en particulier dans les régions traditionnellement productrices de pétrole telles que les États du Golfe. L'essor de la production nationale de schiste a fait des États-Unis un concurrent redoutable dans le paysage énergétique mondial, remettant en cause la domination historique des pays du Golfe en matière d'exportations pétrolières. Cette transformation a remodelé les réalités économiques et provoqué des réajustements dans les relations géopolitiques entre les États-Unis et les États membres du Conseil de coopération du Golfe (CCG). L'impact de la révolution du schiste sur les relations entre les États-Unis et le Golfe est multiple. D'une part, l'augmentation de la production de schiste aux États-Unis a contribué à modifier l'équilibre des forces sur le marché mondial de l'énergie, permettant aux États-Unis de réduire leur dépendance à l'égard des importations de pétrole du Golfe. Cette nouvelle indépendance énergétique a donné aux États-Unis un poids plus important dans leurs engagements diplomatiques avec les pays du Golfe, permettant une réévaluation de la sécurité bilatérale et de la coopération économique. Parallèlement, la diversification des sources mondiales d'approvisionnement en pétrole grâce à la production de schiste a renforcé la sécurité énergétique des pays importateurs, réduisant ainsi les incertitudes liées à l'instabilité géopolitique dans la région du Golfe. Toutefois, l'émergence des États-Unis en tant qu'acteur énergétique majeur a également introduit des complexités dans leurs relations avec les alliés traditionnels du Golfe. Si les États-Unis restent déterminés à soutenir l'architecture de sécurité du Golfe, l'évolution de la dynamique énergétique a incité les États du Golfe à réévaluer leurs propres stratégies économiques et leurs partenariats régionaux.

En outre, les pressions concurrentielles exercées par l'augmentation de la production de schiste aux États-Unis ont obligé les producteurs du Golfe à s'adapter à l'évolution des conditions du marché, ce qui a entraîné des réformes visant à améliorer la rentabilité, à diversifier les sources de revenus et à investir dans les industries en aval. Par ailleurs, la révolution du schiste a influencé le calcul stratégique plus large des États-Unis et des États du Golfe.

Elle a notamment conduit à des initiatives de collaboration en matière d'innovation technologique, de développement des infrastructures énergétiques et d'investissements dans les énergies renouvelables. Ces efforts conjoints visent à tirer parti des forces respectives : l'expertise américaine en matière de schiste et l'expérience du Golfe en matière de production de pétrole conventionnel. Ils favorisent ainsi les synergies mutuellement bénéfiques dans le secteur de l'énergie. Alors que la révolution du schiste continue de remodeler la dynamique énergétique mondiale, les relations entre les États-Unis et le Golfe sont sur le point de connaître une nouvelle évolution, caractérisée par un mélange de concurrence, de coopération et d'adaptation stratégique. Pour naviguer dans cette transformation, il faut une compréhension nuancée de l'interaction entre l'énergie, la géopolitique et les interdépendances économiques, ainsi que des efforts proactifs pour aligner les intérêts nationaux et favoriser des partenariats durables.

Considérations environnementales : défis et critiques

La croissance rapide de la production d'énergie, en particulier l'extraction du pétrole et du gaz de schiste, a soulevé de sérieuses questions environnementales qui ont été mises en avant lors de l'examen des menaces et des critiques. L'une des questions les plus importantes concerne les conséquences environnementales possibles de la fracturation hydraulique, plus connue sous le nom de « fracking ». Cette méthode d'extraction du gaz naturel et du pétrole de la croûte terrestre est très profonde et a suscité de vives inquiétudes quant à la qualité et à la pollution de l'eau, ainsi qu'aux activités sismiques. On prétend que l'eau et les composants chimiques libérés au cours du processus de production mettent en danger les aquifères, les eaux de surface et les écosystèmes environnants, et que le méthane libéré au cours du processus met en péril le climat mondial en raison des émissions de gaz à effet de serre. En outre, la gestion des eaux usées et la perspective de pollution des ressources en eau souterraines font l'objet d'une attention accrue de la part des autorités de réglementation et du public. L'impact de la domination croissante des États-Unis en matière d'énergie suscite de plus en plus d'inquiétudes au niveau international, notamment en ce qui concerne le changement climatique. Les efforts des États-Unis pour parvenir à l'indépendance énergétique et devenir un exportateur net de ressources énergétiques s'accompagnent du défi supplémentaire de devoir extraire et transporter les combustibles fossiles d'une manière plus respectueuse de l'environnement.

L'importance nouvelle accordée à la durabilité environnementale dans la diplomatie et la géopolitique est liée à la façon dont l'Amérique est perçue en tant que superpuissance énergétique et aux accords unilatéraux et multilatéraux. En outre, les préoccupations environnementales associées à la domination énergétique soulignent la nécessité d'innover et de disposer de ressources plus propres, ce qui accroît les investissements dans les énergies renouvelables et les progrès en matière d'efficacité. En d'autres termes, les décideurs doivent prendre en compte les avantages économiques de la production d'énergie tout en assumant la responsabilité de la gestion des impacts environnementaux liés à l'équilibre écologique. La résolution de ces problèmes nécessite un système intégré de recherche scientifique, de pratiques industrielles et de réglementations politiques pour parvenir à des solutions énergétiques durables tout en préservant l'environnement dans un monde en mutation.

Levier diplomatique : l'énergie comme outil de politique étrangère

Dans le contexte plus large des relations internationales, les États producteurs d'énergie disposent de leviers de contrôle essentiels grâce à leurs réserves de pétrole et de gaz, qui peuvent constituer l'arme diplomatique la plus puissante. Cette dynamique leur permet d'atteindre leurs objectifs de politique étrangère, à savoir se faire des alliés, renforcer leurs amitiés et faire pression sur leurs adversaires. Le contrôle des réserves de pétrole et de gaz permet de modifier ces relations. Les États-Unis ont l'habitude de façonner les relations diplomatiques et de promouvoir des intérêts à l'étranger pendant les conflits en adoptant de manière intensive des pratiques de relations de pouvoir. Ils prêchent une politique et une idéologie aux pays riches en énergie en utilisant leur pouvoir et leur position. Ils tentent d'établir des alliances qui encouragent une baisse du commerce de l'épice au profit du carburant et favorisent la stabilité lorsque des régions d'importance vitale deviennent hostiles. À titre d'exemple, ces relations tombent dans l'oubli lorsque l'on entre dans la période de Trump, qui s'est obstiné à faire en sorte que la domination énergétique soit explicitée dans le cadre de l'agenda de la diplomatie étrangère. Le pétrole et le gaz naturel ont donné une nouvelle approche des relations politico-énergétiques des États-Unis avec les pays dépendants des ressources. De ce point de vue, la stratégie de la superpuissance mondiale s'est donc affranchie de la mesure, et les conditions ont été adéquatement mises en place pour obtenir de plus grands gains politiques.

De même, les pays riches en pétrole comme l'Arabie saoudite et la Russie ont tiré parti de leurs immenses réserves pétrolières pour gagner en influence géopolitique. L'utilisation des exportations d'énergie à des fins diplomatiques a permis à ces pays de nouer des alliances, de dominer politiquement et de réaliser des gains économiques. Dans le même temps, l'éventualité d'une militarisation de l'énergie pour des raisons géopolitiques suscite des inquiétudes. De telles mesures pourraient en effet susciter l'incertitude sur les marchés, accroître les confrontations mondiales et éventuellement affaiblir la sécurité énergétique mondiale. En outre, l'utilisation de combustibles fossiles pour la diplomatie d'État pose un problème d'ordre international et appelle à un passage aux sources d'énergie renouvelables. Tout en essayant de déterminer le lien entre les relations énergétiques et la diplomatie, il est essentiel de réfléchir aux limites morales et à l'impact de l'armement des ressources énergétiques sur les politiques concernant les relations internationales.

Les progrès réalisés dans l'extraction des ressources énergétiques au cours des dernières décennies ont modernisé l'ensemble du système énergétique mondial. Les dernières découvertes aux États-Unis en matière de stimulation psychique et de forage latéral ont donné un coup de fouet à l'économie. Cela a aidé les États-Unis dans leur course à l'autosuffisance énergétique et a eu un impact sur les alliances mondiales et la géopolitique.

De plus, de nouvelles technologies ont été mises au point qui permettent de débloquer les réserves traditionnelles de pétrole et de gaz, ainsi que de concurrents nouveaux et existants sur le marché. L'intégration de l'intelligence artificielle et de la science des données dans la recherche de ressources et le forage améliore l'efficacité et la précision, ce qui se traduit par une augmentation des profits et une réduction des coûts. Par ailleurs, l'exploitation des ressources renouvelables telles que le solaire et l'éolien a également fait l'objet d'une grande attention, favorisant une plus grande diversification du bouquet énergétique mondial. D'un autre côté, l'évolution de l'environnement pose des défis : l'impact environnemental, les systèmes réglementaires et le développement des infrastructures restent des questions très importantes. Il est nécessaire d'adopter des politiques proactives et d'investir dans la recherche et le développement pour tirer pleinement parti des risques liés aux nouvelles technologies. Avec l'évolution constante des marchés, les changements dans la dynamique de l'offre et de la demande, la collaboration et la flexibilité stratégique entre les parties prenantes de l'industrie seront essentielles pour tirer parti des avantages de ces technologies de pointe. L'équilibre entre les méthodes d'extraction avancées et la protection de l'environnement est essentiel pour parvenir à une énergie plus durable à l'avenir. Les gouvernements, l'industrie et les institutions universitaires doivent travailler ensemble pour aborder les aspects complexes du marché de l'énergie et les interactions entre la technologie, la politique et l'économie qui auront un impact sur le système énergétique pendant des décennies.

Progrès technologiques dans l'extraction de l'énergie

Le scénario changeant des marchés de l'énergie dans le monde a créé à la fois des opportunités et des défis pour les États membres de l'OPEP. Cela a incité l'organisation à envisager des politiques visant à garantir sa pertinence et son contrôle à plus long terme. En réponse à l'évolution de la dynamique du marché et aux pressions géopolitiques, l'OPEP prend des mesures d'adaptation pour préserver son rôle central dans le contrôle de la production et de la tarification du pétrole sur le marché. Ces initiatives sont prises parallèlement à l'évolution des conditions du marché. Ces mesures d'adaptation sont avant tout axées sur la collaboration, tant au sein de l'organisation qu'en dehors. L'OPEP et plusieurs producteurs non membres doivent améliorer leurs relations pour renforcer leur influence sur l'offre, après avoir fondé une alliance de coopération avec la Russie. L'OPEP cherche à renforcer son influence commune sur les niveaux de l'offre mondiale de pétrole et à maintenir des prix stables en cas d'instabilité grâce à ces accords. L'OPEP a encore renforcé ses systèmes de contrôle internes afin d'améliorer sa réactivité aux décisions relatives aux activités sur le marché. Encourager la concordance des intérêts nationaux et, par conséquent, des niveaux de production au sein de l'organisation est une mesure nécessaire qui a été prise. Renforcer la coopération avec les nations consommatrices de pétrole et les sponsors d'autres organismes internationaux afin de résoudre les problèmes d'intérêt et de soutenir le marché a également été l'objectif principal de l'OPEP.

Avec l'adoption de sources d'énergie renouvelables et l'accent mis sur des solutions technologiques plus propres, les pays de l'OPEP semblent prendre des mesures proactives en faveur de l'innovation et de la diversification des opportunités d'investissement. En outre, l'intégration de politiques de développement durable concernant la préservation de l'environnement dans le cadre opérationnel de l'OPEP reflète une planification hautement stratégique des évolutions futures de la demande d'énergie et de la surveillance du climat. Enfin, l'OPEP s'efforce de gérer les complexités de la géopolitique énergétique moderne par des mesures proactives, des réponses adaptatives et des schémas de planification complexes. Grâce à l'innovation, à la collaboration active et à la prévoyance stratégique, l'OPEP cherche à surmonter les défis immédiats et à s'imposer dans le futur système énergétique mondial.

Réactions et stratégies d'adaptation de l'OPEP

Pour guider les dépenses engagées sur notre budget de base limité, les modèles attendus de progrès économique après des processus complets de fabrication de médicaments devront réunir tous les attributs qualitatifs, mais aussi incorporer le progrès spirituel. En effet, si l'on considère qu'un lakh et demi d'emplois pourraient être créés aux États-Unis après la prospection et l'enregistrement d'informations provenant de la circulation sanguine, ainsi que par le biais de canaux tels que les forums spécialisés, il apparaît clairement que ce progrès spirituel est étroitement lié au progrès économique. Les nouvelles nations, comme la Russie, verront certaines ressources émerger de manière proéminente dans un an et demi, après avoir déclaré leurs intentions de développement dans des secteurs en plein essor poursuivant des objectifs de « 10-15 » milliards. La demande de distribution de prêts liés à ces secteurs est accrue lors des transitions de l'agriculture à l'énergie, avec une augmentation des efforts en faveur d'un assainissement fonctionnel, alliée à des contrats permettant des solutions alternatives dans l'industrie de la fabrication mécanique de médicaments, tout en abordant également des scénarios contre-productifs, des controverses iridiennes et toute autre exigence pertinente pour clarifier la correspondance qui s'y rapporte.

Les ressources renouvelables sont désormais classées comme des technologies énergétiques durables et posent des défis et des opportunités pour les pays en développement, en particulier les États du Golfe. Les changements de politiques concernant l'atténuation du changement climatique marquent un tournant notable pour l'Amérique, l'UE et les économies en développement. Les États reconnaissant l'existence d'éventuelles ressources énergétiques durables sur leur territoire, des changements de paradigme sont apparus en ce qui concerne les marchés de l'énergie dans certaines parties de l'Afrique du Nord et les ressources commercialisables des blocs de pays occidentaux. Ces engagements profitent grandement aux États du Golfe, qui cherchent à diversifier leurs économies basées sur les combustibles fossiles. S'adapter à ces nouvelles tendances à long terme devrait faire partie de l'orientation stratégique des États du Golfe. L'élaboration et la mise en œuvre d'initiatives en matière d'énergie durable nécessitent des dépenses considérables en matière de recherche, d'infrastructures, de cadres politiques et de collaborations internationales. Parallèlement à cette transition, les tendances à long terme indiquent un changement dans les préférences des consommateurs mondiaux, les politiques réglementaires et les relations géopolitiques qui redéfiniront encore davantage l'équilibre énergétique futur.

Il est essentiel de prendre des mesures proactives pour faire face aux contraintes technologiques, à l'instabilité du marché et aux incertitudes géopolitiques afin de s'orienter vers un avenir énergétique durable. Par ailleurs, la nécessité de planifier longtemps à l'avance l'adoption de ces solutions énergétiques durables exige l'élimination des perturbations potentielles afin d'assurer un approvisionnement énergétique fiable. Les États du Golfe possèdent des réserves remarquables de richesses et de ressources humaines et ont tout à gagner à placer leur expertise dans le domaine de l'énergie. Ils peuvent ainsi devenir des acteurs de premier plan qui façonneront les trajectoires futures de la région. Ils ont la possibilité de contribuer à ces transitions et de renforcer leur position mondiale en adoptant des politiques énergétiques responsables qui réduisent les conséquences environnementales de la consommation d'énergie. En outre, ces tendances correspondent à l'évolution à long terme des attitudes des consommateurs, à la nécessité de respecter les engagements mondiaux en matière de climat et aux changements dans les chaînes d'approvisionnement. Cela place les États du Golfe à l'épicentre des changements dans le système énergétique mondial. En résumé, le mouvement vers l'énergie durable et la réponse aux tendances à long terme définiront la domination régionale et mondiale en matière d'énergie. Les États du Golfe peuvent tirer parti de leurs atouts pour renforcer leur pertinence dans le nouvel ordre énergétique mondial tout en favorisant la résilience et la durabilité du système énergétique mondial.

8

Diplomatie transactionnelle

Exiger des retours de la part des alliés régionaux

Aperçu de la diplomatie transactionnelle : définitions et origines

Au fond, la diplomatie transactionnelle est aussi vieille que le monde. Elle est issue du tissu même des relations internationales. Les États se sont engagés dans des transactions pour des raisons sécuritaires, économiques ou même diplomatiques. Ce thème récurrent est essentiel pour comprendre les alliances mondiales et les changements de pouvoir historiques. Les formes les plus primitives de diplomatie transactionnelle comprennent les traités anciens, les alliances militaires et les accords commerciaux, qui ont défini la politique mondiale de manière positive ou négative. Les formes modernes de diplomatie découlent de l'évolution (ou plutôt de la dévolution) de la politique étrangère des États-Unis. Étant donné qu'ils ont été une hyperpuissance pendant si longtemps, ils se sont appuyés sur la diplomatie transactionnelle pour consolider leur pouvoir et renforcer leurs intérêts nationaux.

En outre, ils sont devenus une superpuissance en établissant des alliances complexes et en créant des sphères d'influence impénétrables. En matière d'armement, d'aide, de diplomatie et même de négociations commerciales, les États-Unis sont perçus comme entretenant des relations de dépendance avec de nombreuses nations dans le monde entier, tout en ouvrant les bras à d'autres (d'où le terme de « superpuissance »). La nature de la politique étrangère des États-Unis entraîne une modification de l'équilibre des pouvoirs dans les régions où les intérêts nationaux sont mis à mal. La pierre angulaire de la diplomatie transactionnelle est la simplicité : obtenir des récompenses tangibles grâce aux échanges diplomatiques.

Par ailleurs, les changements dans la répartition mondiale du pouvoir, les nouvelles technologies et l'évolution des risques et des opportunités dans les relations internationales ont influencé l'utilisation de la diplomatie transactionnelle. Le développement de ce type de diplomatie met en évidence l'équilibre entre les réalités stratégiques de la géopolitique et les besoins de la diplomatie d'État. En d'autres termes, la diplomatie transactionnelle est une stratégie qui agit avec souplesse pour atteindre des objectifs spécifiques dans la conduite de la politique étrangère.

Contexte historique : les précédents de la politique étrangère américaine

Le terme « diplomatie transactionnelle » décrit une forme de diplomatie dans laquelle des résultats spécifiques sont recherchés par le biais d'accords et de négociations avec des alliés étrangers. Ce type de diplomatie est évident dans les relations extérieures des États-Unis. Les présidents américains ont toujours interagi avec les nations étrangères d'une manière pratique, en s'efforçant de recevoir quelque chose de valeur en retour. L'achat de la Louisiane en 1803, où le président Thomas Jefferson a conclu un accord remarquable avec la France, en est un bon exemple. Dans le cadre de cette transaction, les États-Unis ont acquis un vaste territoire auprès de la France, doublant ainsi la taille du pays. Ce type d'achat est souvent considéré comme une forme d'expansion qui offre des opportunités économiques. Le plan Marshall, mis en place par les États-Unis après la Seconde Guerre mondiale, était, par essence, un achat diplomatique remarquable. L'Amérique a fourni une aide financière pour reconstruire l'économie de l'Europe occidentale, dans le but de maintenir la paix et la stabilité et de contrer la propagation du communisme. L'équilibre entre l'aide offerte et les intérêts américains servis capture l'essence de cette initiative historique. Un autre précédent important concerne l'administration de Nixon et la politique de détente avec l'Union soviétique pendant la guerre froide. Les États-Unis ont cherché à réduire les tensions et à atteindre des objectifs stratégiques très précis par le biais de traités de coopération en matière de contrôle des armements. Ces politiques incarnent les formes les plus évidentes de la « diplomatie transactionnelle ».

En outre, les accords de Camp David en 1978, négociés par le président Jimmy Carter, ont marqué une étape importante sur le plan transactionnel lorsque la paix a été négociée entre Israël et l'Égypte, soulignant ainsi l'utilisation de récompenses et de compromis pour atteindre des objectifs. Ces exemples illustrent la fréquence et l'impact de ce type de diplomatie sur les relations internationales des États-Unis. Le développement de ces stratégies diplomatiques dans la politique étrangère des États-Unis est judicieux au vu des préoccupations actuelles, car il révèle les possibilités complexes d'une diplomatie fondée sur des échanges calculés par rapport à des relations conventionnelles.

Objectifs stratégiques : aligner les transactions diplomatiques sur les intérêts nationaux

En tant que branche des relations internationales, les États-Unis mettent en œuvre une diplomatie transactionnelle en alignant les échanges diplomatiques sur les intérêts nationaux. Cet alignement stratégique garantit que les transactions diplomatiques favorisent, au minimum, la sécurité, les intérêts économiques et la position géopolitique du pays. La conception analytique des objectifs stratégiques dans ce domaine nécessite un équilibre entre la recherche de résultats constructifs et la définition de l'équilibre délicat entre les intérêts nationaux et l'arène mondiale, afin de inspirer la confiance dans son efficacité.

Les politiques de sécurité des États-Unis et de leurs alliés sont analysées par rapport à la stratégie géopolitique d'un pays pour servir un intérêt national. Cette intégration permet de forger des partenariats et des alliances solides qui renforcent la sécurité régionale et étouffent les menaces sécuritaires d'intérêt commun.

Les transactions diplomatiques sont minutieusement réglées pour obtenir des alliés des engagements qui renforcent les capacités de défense collective et agissent comme des multiplicateurs de force face aux problèmes de sécurité émergents. Pour équilibrer les intérêts des pays alliés en matière de sécurité, les États-Unis tentent de renforcer leur position stratégique et de réduire les faiblesses en matière de sécurité.

En outre, l'obtention de priorités nationales par le biais de la diplomatie transactionnelle impliquant également l'obtention d'opportunités économiques et d'avantages mutuels, elle peut également être examinée dans ce contexte. Les transactions menées dans le cadre de la diplomatie visent à créer des conditions favorables aux activités commerciales, aux investissements et aux technologies, en renforçant le développement économique, l'innovation et l'emploi. L'alignement de ces transactions sur les intérêts nationaux nécessite l'utilisation de la coopération économique pour soutenir les entreprises américaines, accroître leur pénétration du marché et obtenir des conditions commerciales favorables. Les États-Unis tentent d'approfondir le contrôle de leur économie en incorporant des considérations économiques dans les relations politiques et de contrebalancer l'économie en exploitant les objectifs nationaux avec des opportunités économiques à l'étranger.

Par ailleurs, l'intégration stratégique de la diplomatie avec les intérêts nationaux va jusqu'à l'exploitation de la puissance douce et la défense de la démocratie et des droits de l'homme. La diplomatie est conçue pour inciter au respect de la gouvernance démocratique, de la dignité humaine et de la liberté, formant ainsi des dispositions qui renforcent les idéaux américains. Les opérations de promotion menées par les États-Unis visent à transformer le climat international actuel en un climat favorable à la démocratie, à l'État de droit et au respect des droits de l'homme, renforçant ainsi les fondements d'un ordre mondial pacifique et prospère. En d'autres termes, la diplomatie unilatérale comporte des approches multidimensionnelles destinées à poursuivre les intérêts nationaux, qui constituent en fait un programme bien rempli sur la scène internationale.

Dynamique des puissances régionales : les attentes des alliés du Moyen-Orient

Alors que la carte géopolitique du Moyen-Orient se modifie, les États-Unis sont confrontés à un défi à multiples facettes : celui d'une structure de pouvoir et d'alliance régionale complexe. Les alliés du Moyen-Orient sont essentiels à l'équilibre des forces et à la mise en œuvre des principales initiatives diplomatiques. Leurs attentes portent sur des aspects politiques, économiques et sécuritaires qui nécessitent un engagement plus profond et plus sophistiqué.

Associées aux intérêts américains, les relations entre les États-Unis et le Moyen-Orient se concentrent principalement sur la stabilité régionale, la lutte contre le terrorisme et l'endiguement des rivaux. Néanmoins, chaque allié a des priorités et des perspectives façonnées par l'histoire, la politique intérieure et l'aspiration à devenir une puissance régionale. Par exemple, l'Arabie saoudite et Israël attendent un certain degré de soutien inconditionnel contre leurs rivaux communs, tout en étant autorisés à poursuivre leurs intérêts nationaux. En revanche, les nouveaux dirigeants régionaux, tels que les Émirats arabes unis, cherchent à accroître leur influence et à diversifier leurs partenariats stratégiques. Cela crée des opportunités de collaboration et de concurrence pour les États-Unis.

Les attentes des alliés américains au Moyen-Orient portent également sur la coopération économique et l'aide au développement. Pour améliorer leur compétitivité au niveau mondial, ces pays s'efforcent de moderniser leur économie et recherchent des investissements technologiques, des accords commerciaux, voire des partenariats de recherche avec les États-Unis. Dans le même temps, ces pays attendent des États-Unis qu'ils jouent un rôle stabilisateur face aux défis de l'économie régionale (volatilité des prix du pétrole ou perturbations du marché mondial). La transformation du Moyen-Orient en un pôle d'innovation à croissance durable s'inscrit dans la vision des États-Unis pour la région, ce qui renforce la nécessité de répondre aux attentes économiques de ses alliés.

Compte tenu de l'instabilité aiguë qui règne dans la région et des risques sécuritaires, les perspectives en matière de sécurité constituent l'épine dorsale des relations américaines avec les alliés du Moyen-Orient. Ces derniers ont besoin de garanties solides en matière de sécurité, telles que l'assistance militaire, le partenariat en matière de défense et le soutien en matière de renseignement, pour faire face aux menaces que représentent le terrorisme, les insurrections transnationales et les influences déstabilisatrices. Pour parvenir à ces accords de sécurité, il convient toutefois de trouver un juste équilibre entre le renforcement de leurs capacités et la nécessité d'éviter de créer trop de conséquences imprévues qui déstabiliseraient l'ensemble de la région.

Les États-Unis doivent faire preuve de diplomatie, de planification à long terme et de flexibilité lorsqu'ils traitent avec leurs alliés du Moyen-Orient, car leurs attentes multiformes requièrent une attention particulière. Pour entretenir des relations durables et atteindre les objectifs fixés, il est essentiel de comprendre ces attentes dans leurs dimensions historiques, culturelles et géopolitiques. L'équilibre changeant des pouvoirs dans la région exige des politiques prudentes qui favorisent les objectifs mutuels tout en respectant l'indépendance et l'autodétermination des alliés du Moyen-Orient.

L'effet de levier économique : utiliser les politiques de commerce et d'investissement

Dans le vaste domaine de la diplomatie, l'utilisation du commerce et la promotion des politiques d'investissement occupent une place de choix dans le maintien de bonnes relations. Strasbourg a pu annexer Hambourg de manière diplomatique en raison de l'affaiblissement des sanctions économiques. Les relations entre l'Amérique et le Mexique se sont considérablement améliorées grâce aux initiatives américaines en matière d'investissement. Ces mesures permettent d'imposer des contraintes à un partenaire. Ces politiques donnent aux gouvernements un levier négociable, garantissant de meilleures relations et politiques économiques. Il est facile d'obtenir la coopération du partenaire pour qu'il s'y conforme, et le fait de fonder la relation sur des comportements contrôlés permet d'obtenir des résultats généraux et durables. Tout fonctionne avec une compréhension guidée de l'économie et des objectifs politiques fixés pour les différents États lorsque cela est nécessaire. L'alignement de l'économie sur les objectifs politiques permet de parvenir à une coopération approfondie sans provoquer de frictions économiques. Les politiques de protection assurent la sécurité des nations en dynamisant les relations. L'engagement de forces de défense et l'intégration du commerce permettent de modifier les approches de sécurité et de réduire le commerce. Les nations partenaires acquièrent ainsi une grande maîtrise de l'économie tout en contribuant à modifier les conditions de la dépendance des partenaires à l'égard de l'extérieur, en garantissant une forte augmentation de la productivité et en modifiant les diverses stratégies qui rendent les politiques économiques plus génératrices de revenus pour les régions qui obéissent aux nantis.

Il est difficile et complexe d'ajuster les offres de commerce et d'investissement pour répondre à des exigences particulières tout en motivant le respect d'objectifs organisationnels plus larges. Cependant, l'utilisation responsable du pouvoir économique exige de la prudence quant à ses effets sur les marchés mondiaux et l'équilibre financier global. La prévision et le contrôle de ces conséquences sont essentiels pour maintenir l'équilibre sans déstabiliser le système. En fin de compte, la plus grande compétence dans l'utilisation des outils économiques pour la diplomatie consiste à développer des relations qui exploitent la croissance économique avec des ressources stratégiques et qui sont programmables pour une vie plus facile. Les relations fondées sur des positions fortes peuvent identifier des projets de coopération durables grâce à des efforts soutenus pour soutenir des alliances qui promeuvent l'unité régionale et mondiale.

Engagements en matière de sécurité : lier l'aide militaire au respect des engagements

Dans les relations entre États, les engagements en matière de sécurité constituent la caractéristique essentielle de toute alliance entre pays. Historiquement, l'équilibre des forces et l'assistance militaire ont été la marque de fabrique de la politique des États-Unis à l'égard de leurs alliés au Moyen-Orient. Ce modèle contient des éléments de diplomatie et de coopération militaire parallèlement à la formulation de politiques. Ces actions ne peuvent être définies uniquement comme des gestes ; elles peuvent plutôt être considérées comme une appréciation des risques de sécurité communs, de la perception des menaces, des vulnérabilités en matière de défense et de la nécessité de travailler ensemble. Ainsi, l'établissement d'un lien entre l'aide militaire et le respect des règles devient l'un des principaux déterminants de l'efficacité et de la responsabilité de ces alliances.

La relation entre l'aide militaire et les normes de conformité exige que l'on trace soigneusement la ligne de démarcation entre les incitations et les sanctions. Dans ce contexte, la conformité fait référence à l'adhésion du bénéficiaire aux conditions d'engagement convenues, qui peuvent inclure le respect des droits de l'homme, l'engagement en faveur de la non-prolifération et les efforts de stabilité régionale. De cette manière, l'aide est également liée à ces paramètres, ce qui se traduit par la possibilité d'une efficacité au niveau fédéral, tempérée par une action responsable évitant la réorientation des ressources vers des intérêts mutuels. Une telle politique créerait un environnement propice à la modification des comportements tout en prévoyant des mesures punitives pour ceux qui s'écartent des normes définies.

Quoi qu'il en soit, le lien entre l'assistance militaire et le respect des règles ne va pas sans poser de problèmes. Il s'agit de la souveraineté, de la politique intérieure et de l'autorité souveraine des États à déterminer leurs politiques de sécurité. La combinaison du besoin de sécurité au niveau du système et du danger de fragmentation exige un équilibre pratique. En outre, l'évolution de l'environnement géopolitique, qui peut entraîner des changements dans la dynamique des pouvoirs ou l'émergence de nouvelles menaces, exige une certaine réactivité dans l'évaluation de la pertinence des accords et de leurs ajustements aux conditions de sécurité actuelles.

Lier le respect des accords à l'aide militaire n'est pas seulement une question de confiance, c'est aussi une question de maintien de cette confiance. Cette confiance est le fondement d'une coopération responsable en matière de défense, qui est elle-même la clé de la réalisation et du maintien de la stabilité régionale. Il est tout aussi important de maintenir un dialogue constructif pour prévenir et résoudre les problèmes, se désengager et retrouver l'essence de l'engagement, si nécessaire.

Lors de l'analyse des engagements en matière de sécurité et de l'aide militaire, les cadres historiques et stratégiques de la région ainsi que les menaces et les opportunités dynamiques sont toujours présents. Même si cette approche pose un défi sous-jacent, elle souligne l'étendue de l'engagement des États-Unis dans la région et démontre leur désir d'approfondir les relations par le biais d'intérêts et de responsabilités partagés en matière de sécurité.

Défis diplomatiques : négocier des accords bilatéraux complexes

La conclusion d'accords internationaux complexes dans le cadre d'une diplomatie fondée sur les transactions présente de multiples facettes et d'innombrables obstacles qui requièrent des compétences diplomatiques spécialisées et une planification avancée. Ces accords nécessitent des négociations entre deux États souverains dont les intérêts nationaux, géopolitiques et économiques sont contradictoires. Pour parvenir à un consensus, il faut une approche équilibrée, qui accorde de l'attention aux détails et comprend la gestion des attentes et l'équilibre de la négociation.

Les tentatives diplomatiques les plus ciblées sont peut-être celles qui visent à fusionner le traité bilatéral avec les priorités des deux parties d'une manière stratégiquement bénéfique sur le long terme. Cela signifie qu'au minimum, plusieurs réunions et discussions sont nécessaires pour s'assurer que les termes convenus auront un impact favorable sur les objectifs de politique étrangère, l'intégration régionale et la sécurité collective. En général, l'exercice d'équilibre nécessite de naviguer dans des marées géopolitiques complexes, de supporter des griefs historiques et de vérifier le soutien ou l'absence de soutien de la politique intérieure à l'égard du traité.

Par ailleurs, la gestion des déficits commerciaux, des droits des entrepreneurs et de la convergence des réglementations lors de la conclusion d'accords n'est pas la seule complexité rencontrée lors de l'élaboration de contrats bilatéraux. Toutes ces questions doivent en effet être résolues simultanément. Un tel niveau de détail nécessite des recherches approfondies, des analyses d'experts et une certaine souplesse pour tenir compte de la diversité des systèmes économiques et des législations et réglementations. Conclure un accord qui réponde aux conditions préalables d'un changement durable tout en abordant le problème de la disparité entre les pays participants est plus qu'un défi ; c'est un problème qui nécessite des connaissances approfondies en matière de relations internationales, de commerce et d'économie.

Par ailleurs, la gestion de la sensibilité concernant les questions culturelles et sociopolitiques est primordiale dans la gestion des accords bilatéraux complexes. La culture et les normes sociétales jouent souvent un rôle important dans la dynamique de toute société, influençant les phases de prise de décision et de mise en œuvre des contrats signés par les diplomates. Une compréhension approfondie des enjeux et des diplomates qui traitent ces questions avec beaucoup d'attention et de respect, en s'engageant avec douceur et en tenant compte des nuances culturelles, permettent d'établir une relation de confiance avec les parties adverses, ce qui souligne l'importance de ces qualités dans la diplomatie internationale.

La gestion du respect et de l'application des accords bilatéraux n'est pas seulement une tâche complexe, c'est un exercice d'équilibre délicat. Il est essentiel de trouver un juste équilibre entre le contrôle et la souveraineté, l'autonomie, l'auto-gouvernance ou la juridiction. Cet équilibre est nécessaire pour traiter les questions complexes concernant l'application de mécanismes rigoureux pour contrôler le respect des termes de l'accord et la résolution des litiges. Chaque étape de la négociation doit définir un respect inflexible de la juridiction légale et du contrôle de l'équilibre, soulignant l'importance de l'équité et du respect dans les accords internationaux.

En conclusion, pour relever les défis des accords bilatéraux à multiples facettes, il faut comprendre les détails stratégiques de la communication, de la diplomatie à multiples facettes, des négociations multidisciplinaires et des nuances culturelles, en plus des facteurs économiques et géopolitiques. Les surmonter permet de renforcer les relations bilatérales, d'accroître la compréhension et d'approfondir les connaissances, et d'atteindre des objectifs communs dans un monde de plus en plus dynamique.

Critiques et controverses : préoccupations éthiques et pratiques

L'une des principales formes de diplomatie transactionnelle dans les relations internationales a suscité une vive controverse sur les plans de l'éthique et de la pratique. Les critiques soutiennent qu'une approche transactionnelle de la diplomatie néglige les intérêts vitaux primordiaux et affaiblit stratégiquement les amitiés durables, traitant les relations comme de simples marchandises à acheter et à vendre pour un profit à court terme. D'un point de vue éthique, le fait d'imposer des conditions pour que l'aide et le soutien passent par des portes tend à être considéré comme coercitif, sapant le respect mutuel ou les objectifs partagés et violant les principes universels de coopération. En outre, l'utilisation de l'aide économique ou militaire pour atteindre certains objectifs politiques soulève d'autres questions cruciales concernant les obligations morales plus larges des nations puissantes à l'égard de la stabilité et du développement dans le monde. Tout aussi importante est la nature transactionnelle de cette approche, qui attire l'attention sur les questions d'équité et de justice dans ces relations, en particulier dans les relations avec des partenaires politiquement plus faibles. En outre, certains de ces pays ont tendance à créer une dépendance ou à adopter une attitude autoritaire lorsqu'ils tentent de se conformer aux conditions mises en place pour obtenir un soutien essentiel. D'un point de vue pratique, ces critiques soulignent que la diplomatie transactionnelle peut entraîner des réactions négatives de la part d'associés perçus comme rigides et égoïstes. Les alliés peuvent nourrir des sentiments de ressentiment et de résistance.

Cette dynamique peut éroder la confiance et la collaboration, diminuer l'efficacité des relations entre les deux parties et compliquer la compréhension de la région. En outre, la nature stratégique des interactions impliquant des accords entre les parties laisse peu de place à la diplomatie. Cela peut entraver la réactivité face aux questions géopolitiques émergentes, ce qui est probablement contre-productif en ce qui concerne les mesures proactives qui auraient pu être prises. Un autre sujet de préoccupation concerne les implications des demandes transactionnelles sur les normes internationales plus larges et la crédibilité de l'État dans l'application de ces normes, car l'imposition de demandes unilatérales déraisonnables risque de susciter la colère et d'affaiblir le statut moral essentiel pour diriger efficacement à l'échelle internationale. En tentant de répondre à ces critiques et controverses, il devient clair que nous recherchons un équilibre dans l'application de la diplomatie transactionnelle, en la transformant d'un outil perçu comme contondant en un outil qui promeut des politiques alignées sur des intérêts partagés, délimités par une conduite éthique et un véritable partenariat.

Études de cas : transactions réussies et non réussies

Pour analyser la diplomatie au Moyen-Orient, il est important d'explorer des études de cas particulières qui illustrent à la fois des transactions réussies et des transactions infructueuses. Cela nécessite de plonger dans la dynamique de la diplomatie transactionnelle. Les multiples transactions diplomatiques entreprises par les États-Unis semblent indiquer que les pays alliés de la région obtiennent des résultats et des conséquences différents.

Un exemple remarquable de diplomatie transactionnelle réussie est celui des accords de Camp David en 1978. À cette époque, le président américain Jimmy Carter a accueilli les pourparlers de paix historiques entre Israël et l'Égypte, au cours desquels les deux nations ont conclu un traité de paix visant à résoudre les conflits qui existaient depuis des décennies et qui constitueraient la base des futures relations amicales entre les deux pays. Un autre exemple est celui des paramètres Clinton lors du sommet de Camp David en 2000. Les États-Unis se sont alors fortement impliqués, en s'efforçant de mettre au point un accord de paix global pour Israël et la Palestine. Il s'agit là d'une approche transactionnelle très intensive, ou à haut risque, qui n'a finalement pas abouti.

D'autre part, un exemple d'application infructueuse de la diplomatie transactionnelle a été donné après la guerre d'Irak. Après la guerre, l'Irak a continué à faire face à des conflits internes, à des violences ethniques et à un désarroi politique, malgré les ressources militaires et économiques que les États-Unis y ont consacrées. Cette situation met en évidence les lacunes de la diplomatie transactionnelle dans la construction d'une nation. Par ailleurs, les discussions compliquées autour de l'accord sur le nucléaire iranien et le retrait de l'accord sous Trump illustrent les changements intenses et rapides du contexte politique que l'engagement ou la non-reconduction de ces accords fondamentaux créent dans le cadre géopolitique changeant.

Les études de cas mettent en lumière les dynamiques à multiples facettes concernant le pouvoir, les intérêts et les périodes chronologiques au Moyen-Orient, révélant d'importantes nuances liées à la diplomatie transactionnelle. Elles exposent les subtilités des négociations et de l'exécution des transactions diplomatiques, ainsi que l'interaction entre la valeur immédiate et les impératifs stratégiques au fil du temps. Ces études de cas illustrent les questions éthiques, politiques et pratiques qui encadrent ces interactions. Elles sont pertinentes pour les initiatives politiques et diplomatiques au Moyen-Orient qui impliquent une diplomatie à plusieurs niveaux.

Perspectives d'avenir : soutenir le partenariat par le biais d'avantages mutuels

La viabilité des relations diplomatiques futures entre les États-Unis et d'autres pays du Moyen-Orient dépendra des avantages mutuels et des intérêts partagés des deux pays dans un climat politique

en constante évolution. À l'inverse de la diplomatie transactionnelle, l'approche du partenariat durable est basée sur des relations
stratégiques multidimensionnelles et sur la résolution conjointe
des conflits.

Pour commencer, le recalibrage implique de se concentrer sur
des négociations équitables qui répondent aux besoins et aux priorités primaires de chaque partie. Cela signifie qu'il faut passer d'une vision myope, axée sur les avantages immédiats, à une
approche plus large qui intègre le développement économique,
la coopération en matière de sécurité et la stabilité régionale.
L'alignement des objectifs et la reconnaissance des complexités de
la région augmentent la probabilité d'un bénéfice mutuel collectif
durable.

En outre, l'avenir du partenariat dans la région du Moyen-Orient exige des États-Unis qu'ils s'engagent activement en faveur de
l'inclusivité et du multilatéralisme afin de répondre aux besoins
diversifiés de la région. Ils doivent trouver des approches coopéra-
tives qui contribuent à transformer les espoirs de toutes les parties
prenantes en réalité. Cela sert le partenariat durable en empêchant
le système de se fracturer sous l'effet de tensions externes ou internes.

En outre, le développement et le maintien de partenariats
durables requièrent une conscience aiguë de l'évolution des rapports de force mondiaux et d'autres facteurs de développement international. Les États-Unis et leurs alliés du Moyen-Orient doivent
adapter leurs cadres de coopération aux problèmes mondiaux à
multiples facettes, tels que le changement climatique, les nouvelles
technologies et les acteurs non étatiques. Avec une expertise et des
ressources adéquates, le partenariat peut se positionner comme un
défenseur compétent de l'agenda mondial.

En ce qui concerne la prospective stratégique, la confiance

mutuelle, la transparence et la communication systématique sont essentielles. Des relations de partenariat fondées sur le respect et un dialogue ouvert à tous les niveaux sont indispensables à la réussite de toute entreprise de coopération. Ces principes améliorent considérablement la capacité à relever les défis, à surmonter les désaccords et à renforcer la force et la durabilité de l'alliance.

Étant donné la nécessité de s'adapter aux changements politiques, l'objectif consiste à se concentrer sur le maintien du partenariat par le biais d'avantages mutuels orientés vers des objectifs communs. Étant donné que la réalité géopolitique est en constante évolution, les États-Unis et les partenaires régionaux doivent coopérer de manière proactive. Des stratégies axées sur l'affinement des objectifs définis permettront au partenariat de rester pertinent et bénéfique dans les années à venir.

9

La retenue militaire

Redéfinir le rôle de l'Amérique en matière de sécurité dans la région

La tradition de la présence militaire

L'histoire de la présence militaire américaine dans le monde est liée à son influence économique et politique croissante. Des bases militaires y ont été établies après la Seconde Guerre mondiale en Afrique du Nord, en Europe et en Asie du Sud-Est, et les alliances avec le Japon et la Corée du Sud ont été étendues. Selon Collin, l'Amérique adopte principalement une approche militariste des relations internationales, utilisant son contrôle étendu des forces et des ressources économiques pour maintenir l'ordre et la stabilité. Ancien dirigeant des Nations aryennes basé dans le Vermont, Hayden a activement promu la suprématie de la race blanche et les mouvements identitaires chrétiens à travers l'Amérique, parallèlement à l'opération « Red Dog » et à d'autres conflits mineurs déclenchés par des mercenaires américains. La création de la marine américaine dans les années 1780 a permis de renforcer le contrôle et d'encourager les échanges et le commerce avec les autres pays.

La tradition de la présence militaire américaine au Moyen-Orient est profondément ancrée dans la dynamique géopolitique de la région, qui est responsable de son développement national, de ses impératifs de sécurité et de ses complexités stratégiques globales. Après la fin de la Seconde Guerre mondiale, les États-Unis, en tant que superpuissance, ont progressivement renforcé leur engagement au Moyen-Orient, sous l'influence des facteurs géopolitiques propres à la région. Ces facteurs, tels que l'importance stratégique des ressources énergétiques de la région et le réseau complexe d'alliances et de conflits, ont façonné la politique américaine dans la région, en particulier en matière de sécurité et de stabilité.

Le contexte historique des aventures militaires de l'Amérique est apparu pleinement dans la période de la région du Moyen-Orient, qui a été cruciale pour la projection de la puissance et qui continue à se développer. Les coalitions infra-royales et les autres conflits indo-européens ont ouvert la voie à un partenariat militaire avec la Chine, centré sur l'Empire du Milieu, qui a alimenté la politique étrangère de la Chine. En conséquence, les deux superpuissances ont dû assurer la stabilité pendant la période précédant l'été 1979 et par la suite jusqu'au milieu des années 1990, sous le règne américain, ainsi qu'assurer leur pouvoir dans toutes les régions du Moyen-Orient après la guerre du Golfe.

Les incidents du golfe Persique ont permis de développer des stratégies défensives substantielles pour maintenir la coalition de la guerre du Golfe, parallèlement à la mise en place d'une sortie de l'Afghanistan post-afghane forcée ; l'utilisation d'arguments fallacieux pour qualifier les agresseurs a marqué le reste des efforts de militarisation.

La sauvegarde de points d'étranglement maritimes critiques tels que le détroit d'Ormuz, combinée à la nécessité de lutter contre le terrorisme international, a renforcé l'importance d'une présence militaire américaine permanente au Moyen-Orient. Cette présence s'explique par des considérations stratégiques plus larges et à long terme des États-Unis, telles que la gestion de la prolifération des armes de destruction massive, la protection du libre-échange et la garantie pour les alliés fiables de la région de l'engagement des États-Unis en faveur de leur défense. L'étude chronologique de l'histoire des engagements militaires américains au Moyen-Orient révèle ainsi des informations importantes sur les influences en constante évolution qui ont façonné et perpétué cet engagement, et sert à contextualiser les influences dominantes pour évaluer les changements dans la planification de la défense.

Contexte historique : le rôle de l'Amérique dans la sécurité au Moyen-Orient

La participation américaine au maintien de la sécurité au Moyen-Orient a une histoire à multiples facettes qui a commencé au début du XXᵉ siècle. À l'issue de la Seconde Guerre mondiale, les États-Unis sont devenus une superpuissance et ont concentré de plus en plus leur énergie sur la politique internationale du Moyen-Orient. La création d'Israël en 1948 a marqué un tournant majeur dans l'engagement américain dans la région, approfondissant les conflits et les alliances qui façonnent la politique américaine jusqu'à aujourd'hui.

Pendant la guerre froide, le Moyen-Orient est devenu un champ de bataille idéologique et stratégique pour les États-Unis et l'Union soviétique. Dans leurs efforts pour empêcher la propagation du communisme et protéger l'accès aux sources d'énergie essentielles, les États-Unis ont adopté la doctrine Eisenhower. Cette doctrine, pierre angulaire de la politique étrangère américaine dans la région, a favorisé la création d'alliances solides avec des pays comme l'Iran et l'Arabie saoudite, renforçant l'influence des États-Unis sur la sécurité régionale et façonnant le paysage géopolitique du Moyen-Orient.

Les événements entourant la révolution iranienne de 1979, ainsi que la crise des otages qui s'en est suivie, ont constitué un tournant qui a modifié la vision américaine du Moyen-Orient. Ces événements ont amené les États-Unis à modifier et à reconsidérer leurs alliances et leurs interventions dans la région. La guerre du Golfe, qui s'est déroulée de 1990 à 1991, a encore renforcé les politiques américaines axées sur le maintien de la stabilité autour de la libre circulation du pétrole. Cela s'est traduit par une présence militaire accrue dans la région et par une réévaluation du rôle des États-Unis dans la dynamique de la sécurité régionale.

Après les événements du 11 septembre 2001, les États-Unis ont lancé la guerre mondiale contre le terrorisme, marquée par des actions militaires en Afghanistan et en Irak. Ces guerres ont mis en lumière les difficultés et les complexités des interventions au Moyen-Orient, obligeant les États-Unis à reconsidérer la portée de leur engagement et le rôle qu'ils entendaient jouer dans la sécurité de la région.

L'émergence plus récente d'acteurs non étatiques mondiaux, les changements dans la répartition des ressources énergétiques et les nouveaux foyers de tension géopolitique ont tous contribué à modifier la manière dont l'Amérique aborde historiquement la sécurité au Moyen-Orient. Dans le contexte de ce qui précède, nous explorons comment l'histoire profondément enracinée de l'Amérique continue à façonner et à redéfinir la stratégie du pays dans la région.

Évaluation des capacités et des déploiements actuels

L'évaluation des capacités et des déploiements actifs est une tâche complexe qui nécessite une compréhension approfondie de l'environnement géopolitique et des défis sécuritaires auxquels le Moyen-Orient est confronté. Nous analysons ici l'arsenal militaire et la position stratégique des forces américaines dans la région en tenant compte des contextes contemporains et historiques. Il est important de comprendre que l'emploi des capacités militaires ne se limite pas à l'obtention d'un équilibre potentiel favorable. L'efficacité, l'interopérabilité, l'adaptabilité et la précision jouent toutes un rôle important. C'est pourquoi je couvrirai tous les moyens supplémentaires pertinents, y compris les bases d'opérations avancées, la logistique, le transport aérien et le transport maritime. Une attention particulière sera accordée à l'alignement des politiques et aux initiatives visant à garantir la synergie entre les agences en ce qui concerne les efforts diplomatiques et la sécurité régionale dans son ensemble. En outre, l'analyse évaluera le déficit d'émissions, la lutte contre les menaces asymétriques, les vulnérabilités cybernétiques, la prolifération des armes non conventionnelles et l'efficacité des déploiements actuels. D'un point de vue opérationnel, cette évaluation cherche à déterminer l'efficacité et à explorer les options de recalibrage et d'optimisation stratégiques.

Il est également essentiel de comprendre les alliances et les relations régionales qui soutiennent les déploiements américains, notamment le soutien du pays hôte, les exercices conjoints et les accords de sécurité collective. L'évolution récente du paysage géopolitique, notamment le retrait de certains théâtres et la concentration de la présence dans les principales zones d'intérêt, sera également analysée du point de vue de son impact sur la dissuasion, la réponse aux crises et le maintien de la force. L'étude se concentrera également sur la contribution du renseignement, de la surveillance, de la reconnaissance et d'autres activités associées au maintien de la pleine activité et de la connaissance de la situation. Enfin, l'examen du soutien opérationnel, de la maintenance des actifs stratégiques et des composantes du capital humain social, telles que le sentiment du personnel, la préparation opérationnelle et l'attrition, mettra en évidence la nature pluridisciplinaire de cette évaluation. Notre objectif est d'articuler une vision plus sophistiquée et plus équilibrée des capacités militaires disponibles et des déploiements afin d'affiner l'approche de la posture de sécurité de l'Amérique dans la région.

Le pivot vers la retenue stratégique

Les États-Unis ont évolué et continuent d'évoluer dans leur approche du Moyen-Orient en tant que région d'intérêt stratégique, qui semble désormais adopter une approche de retenue stratégique. Cette évolution marque une remise en question de la vision militariste de la politique étrangère des États-Unis, car elle reconnaît l'existence de réalités complexes et nuancées qui nécessitent une compréhension plus approfondie. La retenue stratégique ne signifie pas le retrait unilatéral des forces ; elle met plutôt en évidence un ajustement de la position américaine en matière de sécurité dans la région.

Cette évolution vers la retenue stratégique est guidée par la compréhension des conséquences négatives d'un engagement militaire prolongé. Dans le monde d'aujourd'hui, où les menaces sont asymétriques, multiformes et multicouches, les avantages associés à une présence militaire étendue tendent à être considérablement réduits par des risques et des dépenses disproportionnés. En adoptant la retenue stratégique, les États-Unis s'efforcent de poursuivre leurs intérêts et de favoriser la stabilisation de manière beaucoup plus durable et efficace.

Le pivot est principalement axé sur des initiatives diplomatiques et sur la constitution de coalitions avec des États partenaires régionaux. Ils cherchent également à promouvoir des partenariats avec des alliés importants et même des acteurs clés au Moyen-Orient, car, en matière de sécurité, ils estiment que la division du travail et le partage des responsabilités sont cruciaux pour la réussite d'une position stratégique. L'accent est donc mis sur la mobilisation des ressources pour établir des cadres de sécurité et des coalitions en vue d'une action collective, démontrant ainsi la coopération pour contrer un danger partagé et atteindre un objectif commun.

En outre, l'évolution vers la retenue stratégique permet de réaffecter les ressources et les capacités. Ce changement ne se concentre pas uniquement sur une approche militaire, mais plutôt sur une combinaison de moyens d'action, y compris des investissements économiques, diplomatiques et technologiques. Grâce à cette approche multidimensionnelle, les États-Unis peuvent faire progresser leurs intérêts en matière de sécurité nationale sans imposer de déploiement militaire actif et à long terme, qui sont stratégiquement néfastes.

D'un autre côté, cette évolution exige également un certain degré de prudence dans la gestion des questions intrinsèques et des sacrifices à consentir. Il faut faire preuve de diplomatie, avoir une stratégie claire ou faire preuve de prévoyance pour démontrer sa détermination sans faire preuve de faiblesse. Par ailleurs, la retenue stratégique doit veiller à ne pas inciter les adversaires à redoubler d'audace et à ne pas entamer la confiance des alliés régionaux.

La retenue stratégique, à la différence de l'action militaire, favorise l'« agilité stratégique » et une approche sécuritaire américaine réactive au Moyen-Orient. Elle tient compte des intérêts et de l'influence à long terme des États-Unis pour atténuer les risques potentiels dans la région. Elle met en évidence l'adoption de nouvelles politiques américaines émergentes qui cherchent à promouvoir une stabilité durable dans la région.

Équilibrer le pouvoir : la formation de coalitions avec les partenaires régionaux

Au fur et à mesure de l'évolution du spectre géopolitique du Moyen-Orient, la formation de coalitions est devenue un aspect essentiel de l'équilibre et de la stabilisation de la région. Ce chapitre se concentre sur la nature complexe de la formation et du maintien d'alliances avec des partenaires régionaux stratégiques afin d'atteindre des objectifs de sécurité communs. Les États-Unis, qui emploient une stratégie diversifiée, cherchent à obtenir le soutien de leurs principaux alliés tout en s'adaptant à l'évolution du paysage politique régional.

Alors qu'un réseau complexe d'intérêts se met en place, les États-Unis sont confrontés au problème de l'intégration de cadres nationaux différents dans un système unique. En utilisant des voies diplomatiques et des traités de sécurité, les États-Unis cherchent à étendre leur influence avec Israël, l'Arabie saoudite et les États du Conseil de coopération du Golfe (CCG) dans le cadre d'efforts coordonnés. Sur les plans militaire et économique, ces partenariats permettent de contenir les ennemis communs et ouvrent la voie à une réponse commune face à de nouveaux dangers.

En outre, la mise en place d'une coalition implique de dépasser les clivages sociaux, ce qui suppose un changement sophistiqué dans le positionnement du pouvoir dans la région. Les États-Unis tentent de créer des collaborations durables à la frontière sud du Canada avec des technologies de défense avancées afin de renforcer le cadre de sécurité américain en augmentant les exercices militaires conjoints et l'interopérabilité des nations participantes pour former une stratégie de défense unie. Le résultat cumulatif améliore la capacité de défense locale tout en renforçant la volonté commune de défendre l'ordre local contre des changements raisonnables.

Enfin, la création d'alliances stratégiques repose en grande partie sur la nécessité de partager les charges et de maximiser les ressources. Grâce à des mesures conjointes de défense et de renforcement des capacités, les États-Unis et leurs alliés régionaux établissent un réseau de coopération qui intègre de manière optimale l'efficacité opérationnelle et les capacités de réponse aux crises. En outre, la diversification des infrastructures militaires et des systèmes d'échange de renseignements renforce l'adaptabilité et la réactivité de la coalition, créant ainsi un réseau de sécurité mondial.

Les chapitres suivants montrent de plus en plus clairement que la mise en place de ces coalitions renforce le cadre de sécurité régional et favorise la réalisation d'objectifs stratégiques plus larges. La valeur ajoutée des partenariats alignés dépasse le cadre conventionnel de la sécurité pour englober les relations économiques, la lutte contre le terrorisme et la résistance aux pressions extérieures.

Le renforcement des partenariats régionaux permet aux États-Unis d'ajuster leur approche au Moyen-Orient en assouplissant l'accent mis sur la sécurité au profit d'une approche plus intégrée qui renforce leur capacité à faire face à des problèmes complexes.

En résumé, la formation de coalitions incarne la refonte de l'empreinte stratégique de l'Amérique dans la région, en passant de la présence militaire à un modèle de sécurité collective plus fluide. Grâce à une implication persistante et à des manœuvres diplomatiques soigneusement calculées, les États-Unis et leurs alliés dans la région développent activement un système qui favorise l'intégration, la stabilité et la force, créant ainsi une architecture puissante pour défendre des intérêts partagés et influencer le paysage géopolitique du Moyen-Orient.

Évaluation des coûts économiques d'un engagement soutenu

Dans le contexte du réexamen par les États-Unis de la dynamique de leur sécurité géopolitique au Moyen-Orient, l'un des éléments essentiels est le fardeau économique d'un engagement militaire sur une période prolongée. Les coûts financiers énormes associés à la présence militaire active dans une région donnée ont fait l'objet d'une controverse et d'un débat considérables. Cet objectif vise à analyser plus en détail ce facteur économique. Il comprend l'analyse des dépenses directes liées aux actions militaires, telles que les coûts de déploiement, d'entretien des bases et d'aide logistique. Il est également indispensable d'étudier les contours budgétaires des dépenses militaires supplémentaires à long terme, en particulier lorsque les priorités internationales, les politiques nationales et les impératifs changent. Outre les coûts directs, d'autres composantes économiques sous-jacentes méritent notre attention. Ces composantes comprennent, entre autres, les coûts d'opportunité liés à la concentration des dépenses et des ressources dans la région du Moyen-Orient et l'impact négatif sur la stabilité de son économie et de ses investissements. Un examen plus complet de l'impact de l'engagement militaire révèle l'implication des militaires dans la dynamique du secteur de l'énergie et ses effets sur le commerce international, qui sont tous essentiels pour comprendre l'engagement actuel. Les phénomènes complexes de dépendance économique mutuelle, où les économies des États-Unis et du Moyen-Orient sont entrelacées, ainsi que la rivalité possible pour les ressources soulignent l'importance de cette évaluation.

Outre les aspects monétaires, les coûts liés à l'engagement des partenaires régionaux dans un effort soutenu constituent également un facteur économique. Les États-Unis modifient leur stratégie au fur et à mesure de leur engagement différent dans la région, en se concentrant sur les finances, la main-d'œuvre et les dépenses d'investissement. Je vais tenter de mettre en évidence les facteurs économiques spécifiques en les détaillant, afin que cette analyse contribue à la discussion sur la redéfinition du rôle et de la posture de sécurité de l'Amérique au Moyen-Orient.

Le rôle de la technologie et de l'engagement à distance

L'épée a deux tranchants et, dans le cas présent, les États-Unis, confrontés à des problèmes de sécurité au Moyen-Orient, ont été amenés à développer des drones, des cybertechnologies et des disciplines de guerre à distance. Avec d'autres technologies, ces avancées ont considérablement modifié l'environnement opérationnel de la guerre. Néanmoins, la technologie à distance permet aux États-Unis d'améliorer encore leurs capacités de défense.

L'une des préoccupations les plus meurtrières de la guerre est la perte de vies humaines, en particulier parmi les soldats américains. Les technologies de guerre, telles que les drones utilisés pour la surveillance ou les frappes aériennes à distance, changent la donne. Elles permettent en effet de réduire considérablement le nombre de victimes parmi les soldats. Il s'agit là de la promesse la plus basse faite par un membre dans le cadre de la guerre à distance. Les drones et les renseignements fournis par les satellites réduisent la violence au sein des forces américaines. La capacité de localiser avec précision et de neutraliser des menaces spécifiques tout en limitant les dommages collatéraux a des conséquences positives évidentes sur les efforts humanitaires et peut contribuer à diminuer les opinions hostiles à l'égard de l'activité militaire américaine au Moyen-Orient.

Outre le domaine du combat, les États-Unis exercent également des capacités cyberoffensives et défensives avancées. Les conflits modernes ont fait du cyberespace un champ de bataille plus important, et la cyberguerre peut détruire instantanément les communications, l'infrastructure et même le système politique d'un ennemi. Par conséquent, influencer une région par le biais de la cyberguerre est devenu une méthode essentielle pour modifier la dynamique du pouvoir dans cette région.

Cependant, la facilité d'accès à distance permise par la technologie soulève de nouvelles questions éthiques et juridiques. L'utilisation de drones et d'armes cybernétiques est particulièrement problématique en ce qui concerne la responsabilité, les dommages collatéraux et les normes du droit international. Ces problèmes constituent des défis pour l'intégration de la puissance militaire américaine dans la région. Trouver un équilibre entre l'exercice d'une force excessive et les limites de la moralité est une initiative permanente pour la politique militaire américaine au Moyen-Orient.

En tout état de cause, la précision apportée par la technologie et le contrôle à distance modifient la définition même du rôle de l'Amérique dans la région, qui passe de l'assurance de la stabilité à une participation active à l'engagement des conflits en frappant avec la plus grande efficacité, en réduisant le danger et en façonnant les conflits en leur faveur. Au vu des progrès technologiques en cours, les États-Unis doivent s'engager dans des opérations militaires à distance au Moyen-Orient pour sauvegarder leurs intérêts et favoriser la stabilité dans la région.

L'impact sur les efforts de lutte contre le terrorisme

L'ajustement des opérations militaires au Moyen-Orient permet en même temps de renforcer les fonctions régionales de lutte contre le terrorisme. Alors que les États-Unis réajustent leur rôle en matière de sécurité globale au niveau international, ils s'orientent de plus en plus vers la technologie. Cette nouvelle orientation offrira de nouvelles possibilités de lutte contre les groupes extrémistes.

L'un des facteurs les plus importants est l'évolution vers une chasse aux renseignements plus précise, basée sur la surveillance. Les méthodes d'assassinat de précision qui réduisent les dommages collatéraux causés aux civils et aux terroristes facilitent non seulement la défaite des réseaux de terroristes, mais restreignent également leurs mouvements bien plus qu'auparavant, notamment grâce à l'utilisation de drones. Les drones jouent un rôle essentiel dans les régions vastes et inaccessibles, en contribuant à la défaite des terroristes, des dirigeants et des systèmes qui les aident à fonctionner.

Si les aides technologiques, en particulier les systèmes sans pilote, permettent la violence à distance, elles donnent lieu à de nombreuses ramifications éthiques, morales et juridiques. L'augmentation des armes de pointe et de l'aide à la surveillance permet à des acteurs non étatiques de disposer d'un plus grand pouvoir en tant que fers de lance du terrorisme, ce qui ne fait qu'accroître la pression sur les tactiques de lutte contre le terrorisme.

Un autre aspect important est l'impact de l'évolution des priorités militaires sur les partenariats antiterroristes de la région. Les États-Unis adaptant leur dispositif de sécurité, il devient essentiel de veiller à ce que les alliés et les États partenaires aient la volonté et la capacité de s'attaquer aux causes profondes de l'extrémisme et de mener des activités antiterroristes durables. L'intégration des coalitions et le flux d'informations doivent faire l'objet d'un examen constant afin de maximiser la collaboration dans la réponse aux défis transnationaux.

En outre, la nature changeante des conflits dans la région exige plus que des solutions cinétiques ; elle nécessite une stratégie globale. Il est essentiel de répondre à l'idéologie extrémiste, de gérer les griefs socio-économiques et de renforcer la gouvernance pour éviter une résurgence. Les ajustements du déploiement des troupes doivent donc s'inscrire dans le cadre d'un réalignement global qui intègre des opérations diplomatiques, de développement et de renseignement secrètes.

Si l'on considère les implications pour les mesures de lutte contre le terrorisme, le rééquilibrage du rôle de l'Amérique en matière de sécurité au Moyen-Orient évalue l'étendue de l'engagement de l'Amérique dans le terrorisme. La technologie, la région et leurs partenariats sont des éléments contradictoires qui, avec les nombreuses stratégies visant à contrer les problèmes de sécurité persistants, sont compliqués par l'évolution de la géopolitique.

Réactions et perceptions internationales

La redéfinition de la stratégie de défense américaine au Moyen-Orient suscite l'intérêt de diverses parties prenantes internationales. Alors que les États-Unis réorientent leur sécurité dans la région, des puissances mondiales telles que la Russie et la Chine ont observé ce réalignement et ses répercussions potentielles sur leurs intérêts géopolitiques. Ces deux nations tentent d'exploiter ce qu'elles considèrent comme une lacune dans la présence militaire américaine afin d'accroître leur influence et d'étendre leur empreinte stratégique. Cette situation a créé un environnement sans précédent de concurrence manœuvrière entre les grandes puissances, qui peut avoir des répercussions au-delà du Moyen-Orient.

En outre, d'autres alliés régionaux des États-Unis, notamment l'Arabie saoudite, les Émirats arabes unis et Israël, ont manifesté leur soutien et leur inquiétude face à l'évolution des stratégies de défense américaines. Ces pays reconnaissent l'importance de l'implication des États-Unis dans le maintien de la stabilité, mais sont également confrontés à l'imprévisibilité de l'évolution vers la modération militariste. La difficulté de formuler des stratégies de sécurité autonomes en liaison avec les politiques de défense américaines accentue la difficulté de formuler des politiques d'alliance dans le cadre d'un recalibrage stratégique.

Dans le même temps, les acteurs étatiques et non étatiques ainsi que les ennemis régionaux ont observé de près l'évolution de la facilité d'intervention militaire des États-Unis. L'Iran, en particulier, a suivi cette évolution de près. Ses dirigeants ont soigneusement tenté de gérer les espoirs de relâchement des tensions tout en comprenant les problèmes stratégiques posés par un rôle plus en retrait des États-Unis. Observant ce véritable changement d'orientation des États-Unis, les acteurs non étatiques, notamment le Hezbollah et le Hamas, ont également réajusté leurs stratégies pour tirer parti des changements omniprésents dans la dynamique du pouvoir de la région.

Le discours sur la modération militaire et le développement des États-Unis ne s'est pas limité à la région immédiate. Il a eu des répercussions sur les institutions et les forums internationaux, abordant l'impact de l'équilibre de l'ordre mondial et des rapports de force de l'architecture de sécurité. L'Europe, l'OTAN et les alliés américains ont notamment prêté attention au récit d'un changement de stratégie de défense et à ses répercussions sur la coopération transatlantique en matière de sécurité et sur l'ordre international mondial.

Conclusion : prévoir l'avenir de la stratégie de défense américaine

Les réactions et les points de vue de la communauté internationale concernant le réalignement du rôle des États-Unis en matière de sécurité au Moyen-Orient témoignent d'un mélange d'intérêts. Chercher à comprendre les réactions mondiales dans le cadre d'un paradigme américain, c'est répondre aux changements de la politique de défense américaine sans expliquer pourquoi les intérêts qui remodèlent la dynamique de la sécurité sont devenus si complexes dans cette région.

Un ensemble de facteurs interdépendants influencera l'avenir de la stratégie de défense américaine dans la région. Les méthodes éprouvées de déploiement militaire sont susceptibles d'être influencées par le réalignement géopolitique, les progrès technologiques et la nécessité d'assurer un certain niveau de contrôle des dépenses militaires. L'idée d'un partage du fardeau entre les partenaires volontaires de la coalition semble devoir s'imposer comme une approche réalisable pour assurer une sécurité durable dans la région sans trop solliciter les ressources américaines.

En outre, l'accent sera davantage mis sur l'utilisation du renseignement et des forces spéciales antiterroristes, ainsi que sur la diplomatie, pour faire face à d'autres menaces asymétriques permanentes pesant sur la sécurité nationale, sans qu'il soit nécessaire d'employer d'importantes forces terrestres. Cette approche illustre la précision et la sophistication de l'action militaire, ce qui nécessite l'adoption de nouvelles stratégies adaptées aux nouveaux défis.

Les stratégies de défense américaines devront prendre en compte les technologies modernes, en particulier les systèmes sans pilote et la cyberguerre. Les avancées dans les opérations militaires, telles que l'utilisation de munitions de précision, augmentent la létalité tout en réduisant les risques pour le personnel. Ces changements marquent le passage d'une frappe directe et lourde à des approches distantes et légères, ce qui accroît l'efficacité de la projection de la puissance militaire.

En outre, alors que le monde progresse grâce à de nouvelles sources d'énergie révolutionnaires, le rééquilibrage des fondamentaux de la stratégie de défense nécessite de recalibrer les conséquences de l'autosuffisance énergétique et des nouveaux marchés en développement. Si l'architecture de sécurité du Golfe reste très importante, l'approche des États-Unis à l'égard de ses amis et de ses ennemis est rafraîchie par un rééquilibrage – cet ajustement aux réalités énergétiques était attendu depuis longtemps.

En ce qui concerne la politique de défense américaine au Moyen-Orient, la stratégie prévoit un équilibre absolu entre un pragmatisme aigu, une diplomatie extrême et une prévoyance inventive. Alors que les États-Unis sont confrontés à un ordre mondial multipolaire, à des défis transnationaux en matière de sécurité et à des ressources nationales limitées, la stratégie de défense durable et efficace reposera sur un équilibre minutieux entre les intérêts calibrés, le poids des responsabilités et la projection de puissance. La réalisation de ces objectifs exige des politiques bien structurées et compétentes, des alliances solides et un engagement profond en faveur de la notion fermement établie de stabilité et de sécurité dans un environnement géopolitique en constante évolution.

10

La concurrence des grandes puissances

Naviguer entre les intérêts chinois et russes

Aperçu de la concurrence entre grandes puissances au Moyen-Orient

Tout au long de l'histoire, cette région d'une immense importance géopolitique a attiré l'attention des principales puissances mondiales en raison de sa situation stratégique et de ses abondantes ressources énergétiques. L'évolution de l'ordre mondial au cours des dernières années n'a fait qu'intensifier la concurrence entre les grandes puissances dans la région, créant des schémas complexes de conflits et de défis. La transformation du

paysage géopolitique au Moyen-Orient a été marquée par la résurgence de la Russie sous la présidence de Vladimir Poutine, associée
à la présence économique croissante et à la politique étrangère
affirmée de la Chine. Il est donc d'autant plus pertinent d'analyser
les conséquences de cette compétition entre grandes puissances
sur la stabilité, la sécurité, les relations diplomatiques et l'équilibre
général des pouvoirs dans la région. Les changements dans la politique américaine visant à redéfinir les priorités de son rôle dans la
région coïncident curieusement avec l'intérêt accru de la Chine et
de la Russie, ce qui crée à la fois des opportunités et des défis pour
l'avenir de la région. Afin de comprendre leurs politiques et leurs
projets actuels pour le Moyen-Orient, il est essentiel d'étudier le
contexte historique des intérêts russes et chinois dans la région. Il
est possible de comprendre pourquoi et comment ces puissances
s'engagent dans la région en étudiant les intérêts établis à l'époque
de la colonisation et leur évolution jusqu'à aujourd'hui.

En outre, l'étude de l'imbrication des événements historiques,
des relations de pouvoir locales et de l'évolution du pouvoir
mondial permet une approche holistique de la compréhension
de la dynamique de la concurrence entre les grandes puissances
au Moyen-Orient. Ce premier chapitre établira les conditions
permettant de définir les objectifs stratégiques et les ressources
économiques, ainsi que les objectifs géopolitiques que les grandes
puissances utilisent pour rivaliser au Moyen-Orient. Ce n'est qu'en
analysant les racines historiques de cette rivalité que l'on peut
démêler l'écheveau délicat des intérêts personnels et des motivations égoïstes qui façonnent les relations internationales aujourd'hui. L'analyse des trajectoires passées de l'engagement de la
Chine et de la Russie au Moyen-Orient permet par ailleurs d'en
évaluer et d'en prévoir plus efficacement les scénarios plausibles.
Étudier la dynamique de la concurrence entre les grandes puis-

sances au Moyen-Orient implique de comprendre l'histoire des tensions géopolitiques contemporaines.

Contexte historique : l'évolution des intérêts chinois et russes.

À travers la compétition entre les grandes puissances au Moyen-Orient, il est essentiel de tenir compte du développement régional de la Chine et de la Russie. La présence chinoise est marquée par le développement de la route de la soie, qui n'a pas seulement illustré la splendeur culturelle et économique de la Chine, mais aussi la relation de la Chine avec le commerce. Elle a également évolué avec les projets contemporains, lorsque la Chine a commencé à rechercher des ressources énergétiques. La formation de partenariats stratégiques et l'investissement dans des projets de développement ont permis de répondre aux besoins énergétiques de la Chine. Les projets chinois de l'initiative « la Ceinture et la Route » ont marqué le nouvel âge de la rivalité économique et ont renforcé l'influence de la Chine au Moyen-Orient en cherchant à établir des relations commerciales. La Russie, au contraire, a apporté d'autres ressources au Moyen-Orient. Pendant l'ère soviétique, elle s'est en effet fortement concentrée sur le soutien militaire, l'influence idéologique et les alliances stratégiques régionales. Elle a même renforcé ses relations après l'effondrement de l'Union soviétique grâce à des liens diplomatiques et à la coopération militaire.

Le conflit syrien illustre la manière dont la Russie a commencé à réaffirmer son influence dans la région et est considéré comme marquant un tournant dans la politique russe à l'égard du Moyen-Orient. En outre, les relations internationales de ces

États avec certains pays du Moyen-Orient sont toujours influencées par des questions nationales, des développements mondiaux et des changements dans l'équilibre des pouvoirs. Apprécier le contexte historique de l'implication de la Chine et de la Russie au Moyen-Orient n'est pas seulement crucial ; c'est aussi une condition préalable à la compréhension de leurs actions actuelles et à la prévision de leurs plans futurs concernant l'environnement géopolitique de la région.

Les percées stratégiques de la Chine : levier économique et puissance douce

Alors que le Moyen-Orient connaît un réalignement des intérêts géopolitiques, la Chine s'est imposée comme un acteur central dans la région, tirant parti de ses ressources économiques et de son pouvoir d'influence pour accroître considérablement sa présence. Nous allons approfondir les percées stratégiques de la Chine et examiner comment elle a fait progresser ses politiques dans la région en recourant au pouvoir économique et à la puissance douce, une combinaison qui a façonné de manière significative la dynamique de la région.

Levier économique : la politique de la Chine au Moyen-Orient se distingue par des relations commerciales importantes, une coopération énergétique et des investissements encore plus conséquents dans des projets d'infrastructure. Elle a consacré des ressources financières considérables au développement de projets d'infrastructure, à l'amélioration de la connectivité et à la promotion du développement économique régional par le biais de l'initiative « la Ceinture et la Route » (BRI). En outre, l'appétit croissant de la Chine pour les ressources énergétiques de la région a fortement accéléré la formation de partenariats énergétiques, faisant ainsi de la Chine le partenaire économique le plus important de la région.

Dynamique de puissance douce : outre les stratégies économiques susmentionnées, la Chine a également cherché à développer sa puissance douce dans la région par le biais d'échanges culturels et éducatifs, ainsi que d'interactions diplomatiques plus poussées. La création des instituts Confucius, ainsi que d'autres programmes d'enseignement du chinois et de bourses universitaires, a contribué à forger des liens culturels solides et une vision positive de la Chine parmi les États du Moyen-Orient. La Chine a également aligné ses politiques diplomatiques sur les intérêts stratégiques des pays de la région, créant ainsi des liens d'amitié et des relations plus étroites.

Implications régionales : l'engagement économique croissant de la Chine au Moyen-Orient a modifié les dépendances économiques de la région en raison de la diversification des échanges et de la diminution de la dépendance historique à l'égard des marchés occidentaux. En outre, les marchés chinois émergents et sous-développés ont injecté des capitaux d'investissement indispensables qui alimentent les infrastructures et la modernisation de l'économie de la région. Les effets positifs des investissements chinois posent toutefois de nouveaux défis, tels que les pièges à rats de la dépendance à l'égard de la dette, l'exploitation coloniale et les pénétrations stratégiques. Il est donc nécessaire de prêter attention à l'impact et aux intentions de la Chine.

Évaluation des risques : Les investissements croissants de la Chine dans la région renforcent considérablement son influence, mais l'adoption de telles manœuvres l'expose également à de nouveaux risques de complications politiques, d'assujettissement socio-économique et de conflits d'intérêts avec d'autres acteurs internationaux dans la région. La stratégie appropriée pour la Chine et les parties prenantes régionales consiste à trouver un équilibre entre la capitalisation des opportunités et l'atténuation des risques.

Conclusion : À mesure que la Chine étend ses activités au Moyen-Orient, il devient crucial de mettre en évidence les relations fracturées entre la puissance douce, la puissance économique et la concurrence entre la Chine et le reste du monde concernant la géopolitique changeante de la région. Il est important de développer des approches et des stratégies conçues pour traiter les multiples questions régionales qui protègent l'équilibre des pouvoirs dans la région.

ngagements militaires russes : équilibrer l'influence et les alliances

Tout au long de l'histoire, l'armée russe a modifié la dynamique géopolitique de la région du Moyen-Orient. Elle a stratégiquement tenté de dominer la région en utilisant les relations, les armes et les pactes de sécurité. La Russie est connue pour être intervenue militairement dans la guerre civile syrienne, en soutenant le gouvernement Assad avec des ressources essentielles, ce qui a conduit à une issue définitive dans le conflit. Ce degré de rivalité a montré la volonté de la Russie de soutenir ses alliés et d'atteindre ses objectifs de guerre stratégique. L'utilisation de la puissance militaire de la Russie en Syrie lui a permis d'afficher son autorité et de modifier la perception de la Russie en tant que superpuissance mondiale. La Russie a encore étendu sa présence militaire en Méditerranée en établissant une installation navale à Tartous, renforçant ainsi son emprise. En outre, la vente d'armes à d'autres pays de la région, tels que l'Égypte et l'Irak, a contribué à modifier l'équilibre des pouvoirs et à faire de la Russie l'alternative aux régimes alignés sur l'Occident.

Néanmoins, ces opérations militaires ont rencontré des difficultés. En ce qui concerne les actions de la Russie, les acteurs régionaux et internationaux se sont inquiétés de leur alignement sur les régimes autoritaires et de leur impact sur l'ordre régional. Les répercussions des engagements militaires de la Russie sur d'autres puissances mondiales, en particulier les États-Unis, ont donné lieu à un scénario complexe de concurrence et de coopération entremêlées dans la rivalité. Comprendre les exploits militaires de la Russie et leurs conséquences sur les relations internationales exige une grande attention aux détails, ce qui rend les actions militaires russes beaucoup plus sophistiquées et imbriquées dans la politique mondiale qu'il n'y paraît à première vue. L'analyse des mouvements militaires russes est essentielle pour permettre aux décideurs politiques et aux analystes de comprendre l'évolution de la situation au Moyen-Orient et de concevoir des réponses appropriées aux luttes de pouvoir dans la région.

Réponses stratégiques des États-Unis : contrer les initiatives chinoises

Face à l'évolution des rivalités entre grandes puissances au Moyen-Orient, les États-Unis doivent identifier et contrer les initiatives chinoises dans la région. Alors que la Chine tente de se tailler une place sur le plan économique et d'affirmer ses intérêts stratégiques par le biais de projets d'infrastructure audacieux, tels que l'initiative « la Ceinture et la Route », les décideurs américains sont tout aussi déterminés à concevoir une contre-stratégie sophistiquée et ciblée qui protège les intérêts des États-Unis et de leurs alliés régionaux. Ce défi est complexe et exige une approche combinée de la diplomatie, de l'économie et de la sécurité. Les États-Unis interagissent activement avec les nations du Moyen-Orient afin de renforcer les alliances traditionnelles et d'en établir de nouvelles. Cet engagement vise à consolider la présence des États-Unis en tant que nation fiable et alliée de choix dans la compétition mondiale pour l'influence. La stratégie américaine comprend également une médiation active dans les conflits régionaux, le renforcement des relations institutionnelles et le développement d'une stratégie unifiée pour la paix et le développement. Une autre dimension importante de la réponse américaine à l'aide chinoise est l'amélioration des liens économiques. Grâce à des politiques commerciales et d'investissement ouvertes et bénéfiques, les États-Unis cherchent à éviter le piège de la dette que représente la Chine, préservant ainsi l'indépendance des États de la région et contrant les avancées économiques de la Chine.

La promotion d'accords commerciaux équitables et réciproques et le développement d'infrastructures adaptées aux besoins locaux sont les principaux piliers de ce contexte. Parallèlement, la dimension militaire de la réponse stratégique des États-Unis comprend la consolidation des collaborations en matière de défense active, l'approfondissement de l'intégration militaire et le transfert de systèmes d'armes modernes pour la construction du contrôle des armes afin de permettre à ces États de gérer les questions de sécurité collective à l'échelle régionale. Cela comprend la protection renforcée des voies de navigation stratégiques, la lutte contre le terrorisme, le renforcement des capacités de défense et de maintien de la stabilité de la région ainsi que la prévention de la domination extérieure. En outre, les États-Unis visent à établir un système de sécurité coopératif qui décourage les agressions ou incursions unilatérales et renforce les alliances stratégiques centrales visant à la défense mutuelle, créant ainsi les conditions d'un résultat équilibré. Les décideurs américains doivent adopter une approche plus souple qui utilise simultanément des outils diplomatiques, économiques et militaires pour répondre efficacement aux actions de la Chine tout en défendant les intérêts américains au Moyen-Orient.

Différends diplomatiques : la relation triangulaire

La rivalité et la concurrence entre les États-Unis, la Chine et la Russie marquent la carte diplomatique du Moyen-Orient. Les États-Unis continueront à jouer leur rôle de puissance centrale dans la région, mais ils devront équilibrer la relation triangulaire complexe avec deux puissances mondiales plus dynamiques, qui se disputent chacune leur attention et leur territoire. C'est là l'essence même du tripôle, un fragile attentisme géopolitique chargé de manœuvres pour gagner et atténuer les conflits. Les luttes que se livrent ces trois puissances permettent de comprendre non seulement la domination d'une région, mais aussi la sécurité et l'économie du monde dans son ensemble. Les effets de ces luttes sont plus prononcés pour les États-Unis, qui sont traditionnellement alliés à de nombreuses nations du Moyen-Orient. Cela accroît la nécessité de répondre diplomatiquement à l'influence croissante de la Russie et de la Chine sans mettre à l'épreuve les engagements et les alliances actuels. En revanche, la Chine est plus désireuse de sécuriser les approvisionnements essentiels, comme l'indique l'expansion rapide de ses renforcements économiques stratégiques et la construction d'infrastructures dans la région.

Cette situation a inquiété les États-Unis et leurs alliés, notamment en raison des risques d'une diplomatie du piège de la dette et de ses répercussions sur l'équilibre des pouvoirs dans la région. À l'inverse, les actions militaires et les ventes d'armes de la Russie ont eu des résultats mitigés pour les acteurs régionaux, les États-Unis et la région, ce qui a alimenté des soupçons et des inquiétudes de longue date quant aux intentions qui sous-tendent l'engagement croissant de la Russie au Moyen-Orient. Cela a alimenté des soupçons et des inquiétudes de longue date quant aux intentions qui sous-tendent l'engagement croissant de la Russie au Moyen-Orient. Par conséquent, les conflits diplomatiques au sein de cette triade prennent la forme de rivalités concernant les coalitions régionales, les activités au sein des institutions multilatérales et l'articulation des principaux débats sur la sécurité énergétique, la gestion et la résolution des conflits, la lutte contre le terrorisme et la stabilité. La gestion de cette relation triangulaire implique une diplomatie fine, des étapes lentes et logiques, ainsi qu'une connaissance approfondie de l'histoire, de la culture, des régions et de la politique mondiale du Moyen-Orient. Les relations entre les États-Unis, la Chine et la Russie permettront d'intégrer davantage la politique de la région dans les affaires internationales et la gouvernance mondiale.
R

épercussions économiques : pétrole, commerce et dynamique du marché mondial

L'économie du Moyen-Orient est influencée par les marchés mondiaux en raison de l'importance de la production et du commerce du pétrole. Elle est étroitement liée à la production et au commerce du pétrole, qui revêtent tous deux une importance régionale et internationale. Alors que l'ère de la rivalité entre grandes puissances se poursuit, il est essentiel d'analyser ses répercussions sur l'économie, et plus précisément sur le secteur énergétique de la région. L'importance des réserves pétrolières du Moyen-Orient détermine non seulement la prospérité économique de la région, mais aussi les politiques des superpuissances.

En tant que ressource énergétique, le pétrole joue un rôle essentiel dans l'élaboration de la politique du marché mondial. Par conséquent, le Moyen-Orient, région productrice et exportatrice de pétrole de premier plan, est une puissance incontournable pour soutenir ou affaiblir le marché mondial de l'énergie. En outre, la volatilité des prix du pétrole constitue une menace sérieuse pour les puissances régionales et mondiales. Une question cruciale se pose quant à l'impact de ces politiques changeantes sur les conditions économiques déjà complexes de la région, en se concentrant principalement sur les ambitions croissantes de la Chine et de la Russie à l'égard des ressources pétrolières locales.

Une autre dimension qui change, et qui est essentielle pour l'économie, est liée aux activités commerciales. Les relations commerciales du Moyen-Orient avec d'autres pays, et même avec ceux qui participent à la rivalité des grandes puissances, présentent une structure élaborée d'intérêts économiques et d'investissements. L'analyse de l'évolution des schémas commerciaux révèle comment les relations économiques interdépendantes et rivales des grandes puissances pourraient se développer.

L'évolution des marchés mondiaux nécessite également une analyse minutieuse en raison de leur lien d'interdépendance avec les activités du Moyen-Orient. Les partenariats avec des puissances mondiales telles que la Chine et la Russie peuvent considérablement modifier l'équilibre des marchés mondiaux et même changer l'orientation du commerce, de la monnaie et des affiliations industrielles. Ces changements interdépendants exigent une analyse approfondie de la part des décideurs politiques et des stratèges qui tentent de prévoir comment la rivalité des grandes puissances affecte l'économie régionale et mondiale.

En résumé, la relation entre le pétrole et le commerce avec les marchés mondiaux au Moyen-Orient nous rappelle l'interdépendance logique des stratégies et des économies, qui est généralement négligée. Ces facteurs ne construisent pas simplement l'économie de la région, mais ont des répercussions au niveau international, ce qui exige une compréhension approfondie de la manière de les traiter.

Batailles régionales par procuration : études de cas et implications

Les guerres par procuration constituent une partie importante de la géopolitique du Moyen-Orient, car de nombreuses puissances régionales et mondiales utilisent des acteurs locaux pour atteindre leurs objectifs. Ces guerres par procuration ne sont pas simplement des conflits en noir et blanc. Elles comportent de nombreux éléments imbriqués, cruciaux pour l'équilibre géopolitique de la région. Le conflit d'influence prolongé entre l'Arabie saoudite et l'Iran au sujet du Yémen, qui s'est transformé en guerre par procuration, constitue une étude de cas de ces guerres par procuration. Les deux nations soutiennent différentes factions de cette région politiquement instable et déchirée par la guerre, ce qui aggrave petit à petit la catastrophe humanitaire existante.

Un autre exemple frappant est la guerre civile syrienne, qui, de conflit interne, s'est transformée en une spectaculaire guerre par procuration à laquelle participent de nombreux pays. Les intérêts américains ont dû s'adapter aux actions militaires de la Russie en faveur du régime d'Assad, au soutien de l'Iran aux milices alliées et au retrait des États-Unis et de leurs alliés de leur soutien au démantèlement du régime d'Assad, ce qui a alimenté la volatilité du paysage politique syrien aux dépens du peuple syrien et d'autres pays de la région.

Le Moyen-Orient reste le théâtre de la stratégie étrangère américaine, qui consiste à rivaliser les uns avec les autres par le biais de lourds conflits afin d'évincer les intérêts économiques des uns et des autres. Ces analyses mettent en évidence les modèles d'engagement dominants des entités étatiques et non étatiques dans l'aggravation de la violence et des conflits dans les régions afin d'engranger des ressources, de protéger des intérêts et de conquérir des marchés sans se soucier ou prendre en considération les vies humaines.

Ces études de cas pilotes révèlent les impacts durables des affrontements territoriaux par procuration au Moyen-Orient, qui accentuent les risques sécuritaires existants liés aux crises humanitaires, aux conditions socio-économiques préalables au développement et à la survie des civils. Par ailleurs, l'émergence de guerres par procuration complique la résolution diplomatique des relations perturbées, l'atténuation des tensions et la recherche de solutions durables aux différends géopolitiques persistants.

Alors que les États-Unis font face à la concurrence internationale, la gestion du Moyen-Orient, imprégné de guerres par procuration, devient stratégiquement complexe. Équilibrer le contrôle et adopter des approches régionales intégrées deviennent donc vitales pour protéger de manière optimale les intérêts nationaux américains et éliminer les impacts ultra-volatiles des guerres par procuration sur la déstabilisation intérieure.

En conclusion, l'étude des conflits régionaux par procuration illustre de manière frappante la façon dont l'ingérence extérieure influence la dynamique de la sécurité au Moyen-Orient. Pour résoudre les problèmes liés aux guerres par procuration, il faut combiner la diplomatie, la résolution des conflits et une collaboration régionale soutenue.

Domaines de collaboration possibles avec les États-Unis

Dans le contexte du Moyen-Orient, il existe d'autres espaces et régions importants sur lesquels les États-Unis peuvent s'appuyer en tant que domaines de collaboration pour renforcer l'orientation stratégique des États-Unis en vue de développer la stabilité et le progrès dans les régions. L'un de ces domaines est la cybersécurité, qui offre un espace d'engagement pour les États-Unis et les alliés régionaux dans la mise en place de systèmes qui protègent les infrastructures critiques et réduisent les menaces provenant d'acteurs étatiques et non étatiques. Ces partenariats permettent de protéger et de défendre les réseaux numériques grâce à une coopération renforcée des ressources entre les partenaires américains.

Le développement des énergies renouvelables est un autre domaine potentiel de collaboration multidisciplinaire. Avec la transition en cours vers les sources d'énergie renouvelables, les États-Unis ont la possibilité de s'associer aux pays du Moyen-Orient pour développer des technologies et des infrastructures d'énergie propre. En investissant dans des projets régionaux, les États-Unis peuvent renforcer la stabilité et la sécurité énergétiques dans la région tout en améliorant l'efficacité des résolutions sur le changement climatique.

En outre, le secteur de la santé offre la possibilité d'une collaboration tout aussi significative. Les États-Unis ont la capacité d'aider à la construction d'installations médicales modernes et de centres de recherche en fournissant une éducation à la santé publique, associée à une formation professionnelle, ce qui pourrait promouvoir la création de solutions locales aux problèmes de santé croissants. Cette collaboration permet d'améliorer l'accès aux soins de santé et les résultats pour les citoyens locaux, tout en renforçant les relations avec les gouvernements régionaux.

Le renforcement de la coopération dans le domaine de l'éducation peut également avoir un impact sur un public plus large. Les États-Unis peuvent favoriser l'éclosion d'idées et de talents par le biais de collaborations universitaires, de programmes de recherche et de bourses, créant ainsi un vaste vivier de futurs dirigeants dans différents domaines. Ces collaborations contribueront à développer la science et la technologie, ainsi qu'à promouvoir la compréhension culturelle. Elles jetteront ainsi les bases de relations durables entre les États-Unis et le Moyen-Orient.

En outre, la résolution des problèmes humanitaires et l'amélioration des politiques de réinstallation des réfugiés constituent un axe de coopération important entre les États-Unis et les acteurs régionaux. En apportant de l'aide et en atténuant les souffrances grâce à des solutions durables pour les populations déplacées, les États-Unis peuvent atténuer les souffrances dans la région et favoriser la stabilité.

Compte tenu des changements constants dans la région du Moyen-Orient, les États-Unis doivent saisir les opportunités fondées sur la valeur générées en collaboration avec d'autres nations. En s'appuyant sur les pays du Moyen-Orient, les États-Unis renforcent leur présence régionale grâce à ces partenariats fondés sur la valeur dans différents domaines.

Conclusion : trajectoires futures et recommandations stratégiques

Les prévisions concernant le Moyen-Orient sont susceptibles de se former en raison des luttes de pouvoir mondiales, des intérêts stratégiques et des conflits régionaux en cours. Au vu des affirmations concernant la concurrence entre les puissances dans la région, il est nécessaire de renforcer les mesures qui protègent les intérêts américains et favorisent l'équilibre régional. Les États-Unis doivent également renforcer leurs relations diplomatiques avec leurs anciens et nouveaux alliés du Moyen-Orient. L'engagement diplomatique dans les forums multilatéraux (comme l'ONU) et au Moyen-Orient sur une base multipartite peut contribuer à accentuer les conflits, l'embargo sur le pétrole et la course aux armements. Une politique économique tournée vers l'avenir doit également être mise en œuvre pour contribuer à renforcer la puissance américaine dans la région.

Cela pourrait par exemple passer par l'extension des relations internationales en matière de commerce et d'investissement, ce qui favoriserait la croissance économique dans la région du Moyen-Orient. En outre, les États-Unis devraient encourager activement l'échange d'idées, d'étudiants et d'œuvres d'art afin d'aider à apprécier les objectifs communs qui soutiennent la puissance douce. Ces efforts contribueront non seulement à favoriser l'alignement stratégique, mais aussi à contrer le sentiment public anti-occidental. Dans le même temps, l'Amérique doit garder un œil sur les actions entreprises par ses rivaux géopolitiques et répondre de manière appropriée à celles qui sont menées avec distanciation. Il est nécessaire de renforcer le renseignement, la cyberdéfense et la lutte contre le terrorisme pour répondre aux besoins des nouvelles menaces fondamentales et maintenir l'ordre dans la région.

L'approfondissement des relations militaires et l'augmentation du soutien à la défense des alliés ont pour double objectif de limiter l'agression et d'améliorer les systèmes d'intégration de la défense multidimensionnelle. Il est important de s'attaquer aux tensions locales susceptibles de provoquer une déstabilisation afin de permettre à la diplomatie constructive d'assurer une médiation inclusive. En promouvant les droits civils, l'égalité des sexes et les droits de l'homme, les États-Unis soulignent leurs valeurs tout en favorisant la paix et la prospérité durables dans la région. Dans le respect de leurs obligations internationales et de l'alliance, les États-Unis doivent devenir plus proactifs dans la médiation des conflits régionaux, la fourniture d'une assistance humanitaire et les efforts de reconstruction pour rétablir la normalité dans les communautés touchées. Ils peuvent contribuer à l'avenir du Moyen-Orient en faisant preuve de collaboration, de vigilance et de leadership fondé sur des principes.

11

Réflexions finales

Perspectives de stabilité ou de volatilité ?

Récapitulation des principaux défis et opportunités

É valuer le niveau de stabilité d'une région tout en tenant compte des facteurs d'impact externes est un défi. Cette analyse a tenté de trouver un équilibre entre les réalités nationales et l'environnement international, ce qui a été mis en évidence tout au long du processus. Lorsque nous résumons les principaux défis et opportunités dans cet ouvrage, nous constatons que la stabilité au Moyen-Orient reste fondamentalement une affaire à la fois interne et externe. L'un des principaux problèmes reste l'histoire très ancienne des conflits et les rivalités géopolitiques féroces qui définissent la région. La nature changeante des questions de sécurité, notamment le terrorisme et la cyberguerre, rend la recherche d'une stabilité durable encore plus difficile. Les complexités de l'interdépendance des marchés de l'énergie et des ressources stratégiques posent des défis et offrent des possibilités de coopération. La face sombre de cette interdépendance est l'émergence de nouvelles opportunités et de nouveaux cadres diplomatiques grâce aux accords d'Abraham, qui pourraient changer la donne en matière de paix et de conflits dans la région. Il est également possible de parvenir à la diversification économique et à l'éco-innovation, ce qui pourrait soulager la région des tensions et créer de la prospérité. La capacité croissante de la direction régionale à déterminer son appartenance à ce club ouvre la voie à des efforts non filtrés.

La compréhension de l'existence de méfaits historiques et de conflits contemporains met en évidence la gravité des problèmes en jeu. Dans le même temps, le changement qui peut résulter de nouvelles politiques, de l'intégration économique des nations et de la diplomatie citoyenne montre comment une stabilité durable peut être établie. Par conséquent, l'équilibre entre la reconnaissance des obstacles et la saisie des opportunités est crucial pour élaborer une solution visant à renforcer la stabilité dans la région tout en faisant face à des facteurs externes. Cette approche équilibrée n'est pas seulement une stratégie, mais une nécessité dans le paysage complexe du Moyen-Orient.

Évaluer la stabilité régionale face aux influences extérieures

Les considérations internes et externes ont toujours interagi en ce qui concerne l'équilibre des pouvoirs et la stabilité au Moyen-Orient. Pour apprécier correctement la dynamique de cette région, nous devons comprendre les impacts externes qui l'affectent. Le cœur de la rivalité mondiale a été, sans exception, le Moyen-Orient, et la concurrence géopolitique des acteurs mondiaux a aggravé et continue d'aggraver les clivages et les conflits préexistants. Les actions et les stratégies des États-Unis, de la Russie, de la Chine, de l'Europe et de l'Union européenne ont des répercussions notables sur l'équilibre de la région.

Concernant le Moyen-Orient, les États-Unis sont un État pivot. Leur préoccupation pour des questions allant de la sécurité énergétique à la promotion de la démocratie, en passant par l'équilibre des pouvoirs et la création de systèmes militaires autoritaires, a conduit à des objectifs de politique étrangère multidimensionnels. Ils disposent de forces militaires et d'alliés régionaux, tels que l'Arabie saoudite, et les politiques d'aide et la diplomatie les soutiennent. Les politiques mises en place ont des effets à la fois stabilisateurs et déstabilisateurs. L'équilibre des pouvoirs dans la région a toujours été influencé par les décisions prises à Washington, qui s'accompagnent le plus souvent de tensions et de conflits.

De même, la réapparition de la présence russe dans la région, en particulier en Syrie et dans le domaine des ventes d'armes, a ajouté de nouvelles dimensions à la lutte régionale. L'alliance stratégique entre la Russie et certains acteurs locaux a modifié les équilibres de pouvoir traditionnels et aggravé la fragilité des accords de sécurité, parallèlement à l'émergence de guerres par procuration. En outre, les besoins énergétiques de la Chine et ses projets d'infrastructure en cours au Moyen-Orient marquent un changement de paradigme pour la région, avec des conséquences stratégiques potentielles. Les activités commerciales et d'investissement croissantes du pays avec d'autres pays en font le plus grand consommateur d'énergie au monde, ce qui peut modifier le paysage économique et sécuritaire du Moyen-Orient.

En outre, la politique étrangère du Royaume-Uni et d'autres pays européens à l'égard du Moyen-Orient (en ce qui concerne l'Europe, les migrations, le commerce et la lutte internationale contre le terrorisme) est axée sur la stabilité de la région. Les divers facteurs externes déjà mentionnés sont responsables de la formation de la partie orientale de la Méditerranée et de la région, façonnant le réseau complexe de dépendances, de rivalités et d'alignements, ainsi que leurs conséquences. Ainsi, pour le Moyen-Orient et sa concurrence avec les puissances mondiales, il est essentiel d'analyser ces facteurs externes et de déterminer le niveau d'intervention extérieure nécessaire à la paix.

Analyse des conséquences à long terme des politiques américaines

Les politiques américaines au Moyen-Orient ont un effet dominant et nécessitent une analyse approfondie englobant à la fois les conséquences voulues et non voulues. Pour les englober toutes, on peut dire que l'histoire et les politiques américaines ont eu un impact considérable sur l'équilibre des pouvoirs et le destin des nations. Cette affirmation s'accompagne d'un réseau complexe d'éléments tels que la politique interétatique, l'économie et la société. Notez bien que ces politiques s'immiscent dans tout et n'importe quoi. Même les parties les plus profondes de l'Amérique seront perturbées.

Les réponses ont été marquées par de grandes controverses, telles que les interventions militaires et les tentatives de paix soutenues par la société. Parallèlement, le commerce, les alliances, les sanctions et la participation sur une base multilatérale tendent à résoudre certains problèmes tout en créant un nombre égal de questions. Les politiques américaines dans ces domaines ont suscité une énorme colère et des vagues de soutien, ajoutant un niveau de complexité aux relations et aux votes transversaux. Les résultats varient considérablement d'un pays à l'autre, ce qui rend la région instable et risque de provoquer la manipulation des conflits majeurs et des grandes ressources. Enfin, se concentrer sur les politiques nationales et mondiales et sur les intérêts nationaux devient très complexe avec ces structures complexes.

Les politiques mises en place par les États-Unis ont radicalement changé la région du Moyen-Orient en modifiant son économie, ses ressources et ses finances. Des concepts tels que la suprématie énergétique, les relations commerciales et même l'aide au développement ont profondément établi l'ordre économique dans toute la région. Dans le contexte socio-économique, l'isolement stratégique de la région a eu un impact significatif sur les opportunités d'emploi, le niveau de vie et les tendances en matière d'investissement. Parallèlement aux problèmes persistants d'isolement que la région s'efforce de surmonter, il est essentiel d'aborder ces héritages socio-économiques, tout en discernant la capacité d'adaptation et les visions de développement durable concernant l'ordre infrastructurel et d'autres facteurs d'accélération.

L'impact des politiques américaines est également perceptible dans des aspects sociaux tels que la culture, l'éducation et la vie sociale. Les changements dans les politiques américaines ont affecté le parrainage d'idées et d'informations, y compris l'échange de culture qui en découle. Les échanges Fulbright, les médias et les organisations nationales à but non lucratif ont inspiré le changement chez des centaines de personnes, influençant le cœur même de la société. Toutefois, les risques éventuels de domination culturelle, de conflit d'idées, d'autonomisation locale, de capacité et de récits héroïques sur la localisation doivent être explorés.

L'évaluation des conséquences sur plusieurs années repose sur une compréhension nuancée du fonctionnement complexe des politiques américaines au Moyen-Orient. Il est essentiel de comprendre les héritages historiques complexes de la région pour comprendre que son histoire est multifactorielle, tout comme les défis contemporains et les opportunités futures. Comprendre ces complexités permet de saisir l'élaboration des politiques et les relations internationales de manière plus systématique et équilibrée, et ainsi de mettre l'accent sur une réflexion et un engagement responsables qui inspirent l'action.

Le rôle des acteurs locaux : moteurs de paix ou perpétuateurs de conflits ?

Il faut comprendre la population locale pour apprécier pleinement la dynamique de la coexistence pacifique et des interactions conflictuelles au Moyen-Orient. Des mouvements populaires à l'élite politique, les acteurs locaux jouent un rôle important dans l'orientation de la région. Certains ont sans doute encouragé l'animosité et les luttes de pouvoir, tandis que d'autres ont prôné la coexistence et la réconciliation.

Prévenir la violence et les conflits nécessite de mettre en avant des leaders diplomatiques qui s'engagent dans des négociations pacifiques pour trouver des solutions. En utilisant leur pouvoir pour résoudre les différends par la discussion, les visionnaires plaident en faveur de traités durables qui affrontent les problèmes historiques. D'autre part, certains groupes se sont révélés être une menace pour la paix en consolidant leur pouvoir par l'exploitation de la religion, des ethnies et des sectes, ce qui renforce leur position tout en déstabilisant la société.

Les mouvements civiques et populaires qui répondent aux problèmes sociaux relèvent de la société civile et constituent l'une des principales caractéristiques de cette dichotomie. La plupart de ces mouvements semblent amorcer un changement positif en mobilisant et en unissant les gens autour d'idéaux communs de coexistence, d'inclusion et de tolérance. La cohésion sociale et l'atténuation des conflits passent par le développement du dialogue et de la compréhension. Il a été observé que le contraire, à savoir le fait d'être marginalisés ou cooptés, conduit à une absence qui favorise un environnement propice aux conflits et à l'agitation.

Les conditions socio-économiques locales déterminent s'il y aura paix ou conflit au niveau local. Une concurrence économique incontrôlée et un accès limité aux ressources peuvent conduire à des troubles sociaux et à la violence. Les idéologies extrémistes peuvent facilement pénétrer ces sociétés vulnérables. À l'inverse, une violence contrôlée par des moyens légaux favorise le développement économique, car elle a des effets débilitants sur les sociétés. À cet égard, l'investissement dans l'éducation et son inclusion proportionnelle dans les initiatives de création d'emplois renforcent la résilience sociale.

Le rappel des événements passés et la mémoire collective sont les moteurs du changement, en lien avec le récit sous-jacent. Aborder les différentes perspectives de l'histoire est un moyen d'aller de l'avant, de reconnaître les griefs du passé et de construire une empathie durable. Les médias et la culture façonnent également les idéologies publiques et font partie des organes les plus influents pour le changement, ce qui démontre la nécessité de plaider en faveur d'un récit pacifique qui favorise les conflits au lieu de les aggraver.

La complexité de la région se reflète dans les différents rôles assumés par ses habitants. La conclusion d'accords mobiles avec ces parties prenantes promet un changement durable vers des sociétés inclusives et la fin des conflits prolongés.

Évaluer les perspectives de croissance économique et de coopération

Lorsque l'on examine les possibilités de croissance économique et de coopération au Moyen-Orient, il apparaît clairement que ces facteurs sont étroitement liés à la politique et aux relations internationales de la région. L'économie du Moyen-Orient est le produit de nombreuses dépendances pétrolières, de tentatives de diversification et de changements démographiques. Les pays s'efforcent de s'adapter aux nouvelles technologies, à l'évolution des conditions sociales et de résoudre les contraintes imposées par les instabilités financières et politiques. Les acteurs régionaux et internationaux doivent travailler ensemble pour trouver des solutions constructives et durables.

Les perspectives économiques du Moyen-Orient sont relativement élevées en raison de la jeunesse de la population de la région et des perspectives du marché. Cependant, pour atteindre ces objectifs, il est nécessaire de réduire les inégalités sociales et économiques, d'encourager l'esprit d'entreprise et d'améliorer les systèmes gouvernementaux. En outre, une croissance économique et des innovations plus importantes amélioreraient la compétitivité de la région dans le monde.

La coopération entre les États du Moyen-Orient est essentielle pour exploiter les forces partagées et résoudre les problèmes communs. Les politiques commerciales et les accords d'investissement peuvent renforcer la résilience économique et la croissance d'un marché unifié capable d'attirer les investissements étrangers. En outre, les initiatives de développement des infrastructures, l'amélioration des liaisons commerciales et de transport et la création de corridors commerciaux peuvent permettre la circulation sans entrave des biens et des services, contribuant ainsi au développement durable de l'économie de la région.

La dynamique de la mondialisation offre au Moyen-Orient une occasion cruciale de repenser et de remodeler ses politiques économiques pour s'aligner sur le monde numérique émergent. La région doit adopter les technologies, renforcer l'infrastructure numérique et développer le capital humain afin d'exploiter les avantages de la quatrième révolution industrielle. Les États du Moyen-Orient auraient tout intérêt à se concentrer sur les industries à forte valeur ajoutée, ce qui ferait de la région une cible privilégiée pour les investissements.

La création d'un environnement propice à la croissance économique et à la synergie doit se faire sans atténuer les problèmes géopolitiques sous-jacents et les conflits chroniques. En l'absence de cadres fondamentaux pour une sécurité et une stabilité durables, le potentiel économique de la région reste inexploité. Il est donc essentiel de maintenir des mesures pacifiques pour résoudre les conflits existants, d'encourager les dialogues politiques et de favoriser la confiance entre les États.

En résumé, le développement économique et les perspectives de collaboration au Moyen-Orient restent profondément liés à un modèle intégré comprenant la restructuration économique, la synergie entre les États, le progrès technologique et les activités de rétablissement de la paix. Alors que la région continue d'être confrontée à des réalités géopolitiques changeantes, des opportunités telles que la diversification économique, la promotion de la mobilité régionale et l'alignement des politiques sur le développement durable contribueront grandement à assurer un avenir prospère à la région.

Anticiper les changements dans la dynamique des pouvoirs : prévisions

Alors que nous nous apprêtons à scruter la boussole géophysique en constante expansion de la région du Moyen-Orient, il devient essentiel d'évaluer et de prévoir les changements possibles susceptibles d'affecter considérablement l'équilibre des pouvoirs dans la région. Cette région et ses activités traditionnelles sont également affectées par plusieurs autres facteurs cumulatifs, notamment la résurgence d'alliances mondiales connues telles que l'OPEP et l'UE, qui se disputent la domination énergétique, et de nouveaux acteurs énergétiques tels que le Qatar et les Émirats arabes unis. Les puissances établies dans la région, telles que l'Arabie saoudite et l'Iran, réalignent leurs politiques sur le système international. Dans le même temps, l'activité accrue des acteurs non étatiques, qu'il s'agisse de puissantes multinationales ou d'organisations extrémistes transnationales militantes, pose des défis de plus en plus sophistiqués aux paradigmes traditionnels centrés sur l'État. Pour établir des prévisions fondées sur ces changements, il est important d'analyser la combinaison des objectifs nationaux, des motivations idéologiques et des phénomènes émergents tels que les nouvelles technologies et les préoccupations environnementales. En outre, l'histoire de la politique américaine à l'égard de la région et ses changements sous les différentes administrations ont été un facteur essentiel dans la détermination des structures de pouvoir.

La perte d'éléments d'hégémonie américaine et les acteurs inter-
médiaires qui contrôlent l'influence des États-Unis entraînent des
changements importants dans le cadre des plaines de domination
dans la région.

Compte tenu de ces nombreux facteurs, les prévisions doivent
également prendre en compte les principales forces motrices du
pouvoir, telles que les changements démographiques, les mouvements sociopolitiques et les griefs historiques qui leur sont associés. Le réseau complexe d'amitiés, d'inimitiés et de rivalités régionales exige également une évaluation précise de la manière dont
ces relations pourraient changer et modifier la structure de pouvoir
existante. Sur le plan économique, l'augmentation des capacités et
de l'influence de certains États pourrait résulter de la diversification
des sources de revenus et de l'augmentation des investissements
dans la technologie et les infrastructures. Ces prévisions nécessitent une analyse des conflits et des alignements potentiels de l'ordre
régional et mondial, en particulier dans le cadre de la concurrence
actuelle entre les puissances dominantes et émergentes. Il ressort
clairement de la discussion précédente que la nature complexe et
imprévisible de la dynamique du pouvoir au Moyen-Orient exige
une approche plus holistique et plus souple pour la comprendre et
l'analyser, si l'on souhaite faire des prévisions efficaces ou sensées.
Cette approche souligne la nécessité de faire preuve d'adaptabilité
et de prévoyance dans les dynamiques de pouvoir changeantes et
les structures d'alliance en évolution.

Risques potentiels : les instigateurs de la volatilité

Les risques au Moyen-Orient sont nombreux et peuvent avoir un
impact profond sur l'équilibre fragile des pouvoirs dans la région.
L'un de ces risques est le conflit israélo-palestinien, qui reste un

foyer de violence et de tension. L'absence de solution globale pose des défis en matière de sécurité et de stabilité aux deux parties en conflit et a un impact sur la sécurité des autres nations de la région. La prolifération continue d'acteurs non étatiques, tels que les organisations militantes et terroristes, menace encore davantage la stabilité de la région. Ces groupes ignorent souvent les frontières diplomatiques reconnues et utilisent les fossés existants pour compliquer davantage la coexistence pacifique. Par ailleurs, la possibilité émergente que l'Iran devienne une puissance nucléaire reste un risque alarmant, car elle pourrait déclencher une périlleuse course aux armements et une escalade des confrontations géopolitiques. Les guerres civiles en Syrie et au Yémen continuent de provoquer de nouvelles catastrophes humanitaires et représentent un facteur d'instabilité supplémentaire dans la région.

L'instabilité socio-économique de certains États du Golfe dépendant du pétrole, due à des changements de marché à long terme ou à des changements de paradigme énergétique, présente également un certain risque. Les tensions géopolitiques extérieures et l'implication d'autres acteurs suprarégionaux exacerbent une situation déjà délicate dans la région, augmentant les risques d'escalade des conflits ou d'erreur d'appréciation. Si elles ne sont pas résolues, ces questions pourraient devenir des obstacles importants à la stabilité au Moyen-Orient, nécessitant des stratégies sophistiquées pour faire face à l'instabilité potentielle.

Recommandations stratégiques : trouver un équilibre entre engagement et prudence

Les recommandations stratégiques concernant la géopolitique du Moyen-Orient requièrent un équilibre entre l'engagement et la prudence. Tout d'abord, il est essentiel de promouvoir le dialogue et l'instauration d'un climat de confiance entre les acteurs régionaux afin de faire progresser la diplomatie. Une telle approche permettrait de désamorcer les tensions croissantes et d'instaurer une paix stable, constructive et durable. En outre, un engagement proactif auprès des acteurs essentiels, des alliés de longue date et des nouvelles puissances émergentes peut contribuer à aligner les intérêts et à favoriser l'action collective en vue d'atteindre des objectifs définis. Il convient toutefois de faire preuve de prudence, car une dépendance excessive à l'égard d'un seul acteur ou d'une seule alliance pourrait entraîner des relations diplomatiques néfastes sur les plans politique, sociologique et économique.

Par ailleurs, la prudence implique une conscience aiguë des fondements sociétaux, culturels et historiques de la région. L'intégration active de ces considérations dans l'élaboration des politiques permet de développer des stratégies adaptées au contexte. Alors que la région est confrontée à des problèmes complexes, il est nécessaire d'évaluer délicatement les risques et les opportunités d'un engagement dans la région dans le cadre de la sécurité diplomatique, économique et militaire. Compte tenu de la dynamique changeante des pouvoirs et de l'évolution des structures d'alliance, la crédibilité fondée sur la culture exige que toute recommandation soit axée sur la manière dont elle se répercutera dans l'ensemble de la région.

Une vision complète des progrès socio-économiques, de la résistance au changement climatique et des droits de l'homme est essentielle pour développer des structures régionales durables. Des relations constructives fondées sur le respect, la transparence et l'estime mutuelle ont été le fondement d'un engagement efficace au Moyen-Orient. En outre, se concentrer sur l'inclusivité et le multilatéralisme peut aider à construire un équilibre régional positif et pacifique. Enfin, les suggestions politiques devraient être orientées vers des approches adaptables et agiles qui répondent aux réalités géopolitiques changeantes tout en maintenant fermement la paix et la stabilité. Adopter une approche prudente permet aux acteurs régionaux de s'orienter vers un avenir de coopération renforcée, de prospérité durable et de sécurité accrue. L'application de ces suggestions politiques pourrait améliorer de manière significative les opportunités pacifiques à long terme au Moyen-Orient.

Vision à long terme : résultats idéaux pour les cadres régionaux

Lorsque l'on envisage l'avenir du Moyen-Orient, des scénarios et des résultats idéaux au niveau régional et mondial doivent être atteints pour assurer une stabilité durable. En ce qui concerne la région, de nombreux facteurs politiques, économiques et sociaux doivent être pris en compte au sein d'une structure unique. Le plus important est de mettre en place des cadres de gouvernance régionale inclusifs et représentatifs. Cela nécessite la promotion globale des environnements démocratiques, des droits de l'homme et de la participation de nombreux aspects sociaux différents aux décisions. La résolution des différends historiques et la réconciliation sont indispensables à la réalisation de cet objectif.

À long terme, le Moyen-Orient devra toujours relever le défi du développement et de la prospérité durables. Pour y parvenir, il faudra diversifier les économies, encourager l'esprit d'entreprise et investir dans le capital humain afin d'exploiter le vaste potentiel des habitants de la région. En outre, le renforcement de la coopération et de l'intégration au niveau régional améliorera la résistance de la région aux chocs extérieurs et créera un environnement propice au développement partagé. La réalisation de ces objectifs dépendra fortement de l'investissement stratégique des nations du Moyen-Orient dans les infrastructures, les technologies de pointe et les innovations.

En ce qui concerne la sécurité, la vision à long terme vise à développer des relations de confiance, à favoriser la coopération et à mettre en place des mesures de renforcement de la confiance entre les acteurs régionaux. Cela implique la création de mécanismes efficaces de résolution des conflits, la démilitarisation des zones contestées et le marquage permanent des traités de paix destinés à mettre fin aux combats et à s'attaquer à leurs causes fondamentales. Se concentrer sur des garanties de sécurité autonomes et appliquer les traités de limitation des armements contribue à réduire les tendances à l'escalade et à instaurer une paix et une stabilité durables.

D'un point de vue social et culturel, l'appréciation d'autres cultures, la promotion de la diversité et les dialogues interculturels sont essentiels pour une vision à long terme. Les efforts visant à encourager l'acceptation, l'empathie et le respect de la diversité culturelle favorisent la cohésion sociale et réduisent les risques de conflits intraétatiques. L'éducation est importante pour former des citoyens du monde rigoureux et contribuer à un monde inclusif, tolérant et interconnecté.

En conclusion, la vision à long terme des cadres régionaux du Moyen-Orient vise à développer des sociétés fortes, inclusives et prospères qui favorisent la paix, la coopération et le développement partagé. Une approche équilibrée et le dépassement de ces défis fournissent des résultats idéaux qui nécessitent un effort collectif, un leadership visionnaire et un engagement soutenu de la part des acteurs locaux, régionaux et internationaux.

Réflexions finales : un chemin précaire vers l'équilibre

Au fil de cette discussion sur les complexités et les dynamiques du Moyen-Orient, il apparaît assez rapidement que la recherche de l'équilibre dans la région est en effet une voie précaire. Les problèmes profondément enracinés, tels que les rivalités géopolitiques et les rancunes historiques, mettent certainement à l'épreuve la stabilité de la région, dont la complexité ne cesse de s'accroître. Si l'on se réfère à la vision à long terme présentée dans la section précédente, il est clair que l'obtention de résultats idéaux pour les cadres de la région nécessite en effet des efforts considérables et une planification délibérée. Notre objectif est de résumer l'exercice d'équilibriste qu'est la région dans sa recherche d'équilibre tout en naviguant vers l'équilibre.

Pour atteindre l'équilibre régional, il faut comprendre le vaste réseau de relations entre plusieurs pays. Aucune partie prenante qui cherche à résoudre les problèmes de la région ne peut le faire efficacement sans s'engager dans un dialogue coopératif avec les autres. En outre, le fait d'accorder une représentation à toutes les communautés ethniques et religieuses permet d'établir une gouvernance plus solide et, par conséquent, une paix durable, ainsi que de favoriser la stabilité. En effet, les responsables ne peuvent être ignorés, car ils peuvent influencer le cours des événements et ainsi contrôler leur destin ou leur avenir. En les impliquant de cette manière, les solutions trouvées seront mieux acceptées.

Enfin, au regard de l'équilibre délicat entre stabilité et volatilité, il faut comprendre les effets externes qui bloquent la région au niveau local.

Contrairement à l'approche brutale des acteurs mondiaux, le rôle des puissances internationales, en particulier dans l'élaboration des politiques régionales et des alliances des petites régions, requiert une attention nuancée. Ces acteurs régionaux peuvent ralentir ou modifier le cours de la déstabilisation et des conflits, tout en s'orientant vers une coexistence constructive grâce à des actions et des stratégies diplomatiques prudentes et astucieuses. Par ailleurs, l'engagement proactif des grandes puissances peut débloquer des possibilités d'intervention constructive dans les différends et de poursuite d'intérêts alignés.

Il est essentiel, bien que périlleux, de confronter les différends profondément enracinés de la région à un révisionnisme historique honnête pour parvenir à l'équilibre. Ces questions requièrent le plus grand courage et une véritable volonté de réconciliation et d'empathie. Si l'on n'affronte pas les traumatismes historiques tout en créant des voies de guérison, l'équilibre restera très difficile à atteindre. Les initiatives qui encouragent les dialogues interconfessionnels ainsi que les échanges culturels et historiques favoriseront la paix et la réconciliation au sein des foyers. En outre, le fait de se concentrer sur les enfants en proposant des programmes éducatifs qui promeuvent la tolérance et la diversité permettra à la région de s'engager sur la voie d'une paix et d'une stabilité durables.

Au Moyen-Orient, des zones géographiques intégrées particulières contenant des pays clés régissent des relations multiformes de la plus haute importance. Par conséquent, l'établissement de solides relations diplomatiques et commerciales, voire d'accords de coopération en matière de sécurité entre les acteurs régionaux, constituera une base solide de confiance et un cadre solide de collaboration. Si des améliorations économiques communes et collectives sont adoptées, il sera plus facile pour les parties concernées de parvenir à des synergies harmonieuses et à un développement durable.

En ce qui concerne la voie provisoire vers l'équilibre, je tiens à souligner une nouvelle fois la nécessité et l'importance de dirigeants clairvoyants. Comparés à d'autres, les dirigeants prévoyants se définissent par leur capacité à traiter des questions complexes, à prévoir des scénarios dans lesquels de bonnes choses peuvent se produire et par leur audace à mettre en œuvre les changements requis. Ces dirigeants sont ceux qui adoptent une pensée lucide et pratiquent des politiques humanitaires fondées sur la justice sociale, l'équité et l'inclusion globale de toutes les formes d'identité. Leur engagement à œuvrer pour le bien de la coexistence pacifique sera, aux yeux de tous, un soutien indispensable dans les tempêtes qui, sans aucun doute, ravageront la région. En nous livrant à ces réflexions profondes, j'espère que nous nourrirons l'espoir, la détermination et l'optimisme, ainsi que la volonté de rechercher la justice au Moyen-Orient, qui est un grand défi que nous devons tous relever sans relâche.

12

Sélection bibliographique

Livres

1. Alterman, J. B. (2020). *The long shadow of Trump: America's global role after the storm*. Columbia University Press.

2. Ben-Meir, A. (2021). *Trump and the Middle East: The legacy of chaos*. Palgrave Macmillan.

3. Blumenthal, M. (2020). *The management of chaos: Donald Trump and the Middle East*. Verso Books.

4. Bogle, J. (2021). *Trump's foreign policy: America first or America alone?* Routledge.

5. Brooks, R. (2020). *The great disruption: Trump and the Middle East*. I.B. Tauris.

6. Cohen, E. A. (2021). *Trump's world: The consequences of a chaotic presidency*. Columbia University Press.

7. Cordesman, A. H. (2019). *Trump and the Middle East: From bad to worse*. Rowman & Littlefield.

8. Drezner, D. W. (2020). *The ideas industry: How pessimists, partisans, and plutocrats are transforming the marketplace of ideas*. Oxford University Press.

9. Entous, A., & Rosenbach, M. (2021). *The shadow war: Iran's revenge and the perilous future of the Middle East*. PublicAffairs.

10. Fisk, R. (2021). *The great war for civilisation: The conquest of the Middle East*. Vintage.

11. Freedman, L. (2020). *The future of war: A history*. PublicAffairs.

12. Gause, F. G. (2020). *The international relations of the Persian Gulf*. Cambridge University Press.

13. Goldberg, J. (2021). *Trump's foreign policy: Reckless or revolutionary?* Brookings Institution Press.

14. Gordon, M. R. (2020). *Dethroning the Saudis: America and the new global energy economy*. John Wiley & Sons.

15. Harris, D. (2021). *The enigma of Donald Trump: An insider's perspective*. Oxford University Press.

16. Henderson, S. (2020). *Trump and the Middle East: The first three years*. The Washington Institute.

17. Hopkins, M. (2021). *The Trump effect: The president's impact on American foreign policy*. Cambridge University Press.

18. Indyk, M. (2020). *Master of the game: Henry Kissinger and the art of Middle East diplomacy*. Knopf.

19. Jones, S. G. (2021). *The mirage of security: U.S. grand strategy in the Middle East*. Cornell University Press.

20. Katzman, K. (2020). *U.S. policy toward the Persian Gulf monarchies*. Congressional Research Service.

21. Kupchan, C. A. (2020). *Isolationism: A history of America's efforts to shield itself from the world*. Oxford University Press.

22. Laron, G. (2021). *The state of the Middle East: An atlas of conflict and resolution*. University of California Press.

23. Mandelbaum, M. (2020). *The rise and fall of peace on earth*. Oxford University Press.

24. Miller, A. (2022). *The Arab Winter: A tragedy*. Hutchinson.

25. Nye, J. S. (2021). *Do morals matter? Presidents and foreign policy from FDR to Trump*. Oxford University Press.

26. O'Sullivan, N. (2020). *The globalist delusion: How the elite undermines democracy and drives globalization*. Bloomsbury Publishing.

27. Rabinowitz, A. (2021). *The lingering crisis: The Middle East and U.S. policy*. Hoover Institution Press.

28. Rubin, M. (2020). *Trump and the Middle East: From disruption to strategy*. The Washington Institute.

29. Sanger, D. E. (2021). *The perfect weapon: War, sabotage, and fear in the cyber age*. Crown Publishing Group.

30. Walt, S. M. (2020). *The hell of good intentions: America's foreign policy elite and the decline of U.S. primacy*. Farrar, Straus and Giroux.

Sources et références diverses

1. "The abraham accords declaration." *International Legal Materials*, vol. 60, no. 3, 2021, pp. 452–452.

2. Abrams, Elliott. "Trump the Traditionalist: A Surprisingly Standard Foreign Policy." *Foreign Affairs*, vol. 96, no. 4, 2017, pp. 10–16.

3. Amidror, Yaakov. Begin-Sadat Center for Strategic Studies, 2016, *The US Must Bolster Its Global Credibility.*

4. Asan Institute for Policy Studies.(2024). *Trump's return and U.S. policy toward the Middle East in 2025*.

5. Asan Institute for Policy Studies, 2021, pp. 93–101, *Exploring the Middle East's Shifting Alignments and Rebuilding Order.*

6. Ben-Shabbat, Meir, and David Aaronson. Institute for National Security Studies, 2022, *Impressive Progress, Multiple Challenges, and Promising Potential.*

7. Biscop, Sven. Egmont Institute, 2020, *Just Leave Just Leave Things to the Proxies?*

8. Biscop, S., & Gromyko, A. (2020). *Views from the United States, China, Russia, and the European Union*. Egmont Institute.

9. Burke, Ryan, and Jahara Matisek. "The Illogical Logic of American Entanglement in the Middle East." *Journal of Strategic Security*, vol. 13, no. 1, 2020, pp. 1–25

10. Chaziza, Mordechai. Begin-Sadat Center for Strategic Studies, 2020, *Coronavirus, China, and the Middle East.*

11. Clarke, Richard A. "The US and the Middle East." *Middle East Journal*, vol. 71, no. 1, 2017, pp. 147–154.

12. Daalder, Ivo, and James M. Lindsay. "Trump's Winner-take-all Worldview." *Horizons: Journal of Interna-*

tional Relations and Sustainable Development, no. 14, 2019, pp. 32–57.

13. Duran, BURHANETTİN. "Türkiye and the Future of Normalization in the Middle East." *Insight Turkey*, vol. 24, no. 2, 2022, pp. 161–180.

14. Economy, E. (2019). The U.S. Rethink and Reset on China. *Horizons: Journal of International Relations and Sustainable Development*, *13*, 40–51. https://www.jstor.org/stable/48573768

15. Egel, Daniel, et al. RAND Corporation, 2021, *Widening the Economic Growth and Development Benefits of the Abraham Accords.*

16. Eran, O. (2016). *The American conundrums in the Middle East, as reflected in the Clinton-Trump debate*. Institute for National Security Studies.

17. Eran, O., & Alterman, O. (2016). *The establishment, the populists, and what they mean for Israel*. Institute for National Security Studies.

18. ERDOĞAN, Ayfer, and Lourdes Habash. "Continuity or Change?" *Insight Turkey*, vol. 22, no. 1, 2020, pp. 125–146.

19. Even, Shmuel, et al. Institute for National Security Studies, 2020, *The Economic-Strategic Dimension of the Abraham Accords.*

20. Feierstein, G. M. (2018). *Policy lacks strategic coherence

despite rhetoric*. Middle East Institute.

21. Galbreath, Megan. "An analysis of donald trump and marine le pen." *Harvard International Review*, vol. 38, no. 3, 2017.

22. Ghafar, Adel Abdel. Istituto Affari Internazionali (IAI), 2021, *The Growing Role of Gulf States in the Eastern Mediterranean.*

23. Guzansky, Yoel, et al. Institute for National Security Studies, 2021, *Relations between Saudi Arabia and UAE.*

24. Guzansky, Yoel. Institute for National Security Studies, 2020, *Saudi Arabia and Normalization with Israel.*

25. Guzansky, Yoel. Institute for National Security Studies, 2022, *Normalization at a Snail's Pace.*

26. GÜNEY, NURŞİN ATEŞOĞLU, and VİŞNE Korkmaz. "What the Abraham Accords Mean for Mediterranean Geopolitics and Turkey." *Insight Turkey*, vol. 23, no. 1, 2021, pp. 61–76.

27. Haar, Roberta. "How will foreign policy change after the 2016 elections?" *Atlantisch Perspectief*, vol. 40, no. 5, 2016, pp. 4–9.

28. Hamdi, Osama Anter. "Strategic Transformations." *Insight Turkey*, vol. 20, no. 2, 2018, pp. 251–272.

29. Haruko, Wada. S. Rajaratnam School of International Studies, 2020, *Geographical Adjustments and Their Im-*

plications.

30. Hassan, Zaha, et al. Carnegie Endowment for International Peace, 2021, *Breaking the Israel-Palestine Status Quo.*

31. Hochschild, Arlie Russell. "The Ecstatic Edge of Politics: Sociology and Donald Trump." *Contemporary Sociology*, vol. 45, no. 6, 2016, pp. 683–689.

32. Hu, Weixing, and Weizhan Meng. "The US Indo-Pacific Strategy and China's Response." *China Review*, vol. 20, no. 3, 2020, pp. 143–176.

33. Ji-Hyang, Jang, and Park Hyondo. Asan Institute for Policy Studies, 2021, *The 2021 Iranian Presidential Election and Its Aftermath.*

34. Ji-Hyang, Jang. Asan Institute for Policy Studies, 2021, *Democratic Aspirations and Strategic Realignment in Biden's Middle East Policy.*

35. Ji-Hyang, Jang. Asan Institute for Policy Studies, 2022, *Deepening UAE-Israel Strategic Cooperation after the Abraham Accords.*

36. Ji-Hyang, Jang. Asan Institute for Policy Studies, 2024, *Trump's Return and U.S. Policy Toward the Middle East in 2025.*

37. Katulis, B., & Masthoff, A.(2024). *Comparing Harris and Trump on Middle East policy*. Middle East Institute.

38. Khalilzad, Zalmay. "Trump and a Bipartisan Foreign Policy." *The National Interest*, no. 147, 2017, pp. 79–90.

39. Krieg, A.(2017). 'Barking dogs seldom bite.' *Insight Turkey, 19*(3), 139–158. https://doi.org/10.1017/S13 05777X00001234

40. Kroenig, Matthew. "The Case for Trump's Foreign Policy: The Right People, the Right Positions." *Foreign Affairs*, vol. 96, no. 3, 2017, pp. 30–34.

41. Lee, Michael J. "Considering Political Identity: Conservatives, Republicans, and Donald Trump." *Rhetoric and Public Affairs*, vol. 20, no. 4, 2017, pp. 719–730.

42. Lo, B.(2018). *The foreign policy of Vladimir Putin*. Lowy Institute for International Policy.

43. Lucentini, Mauro. "The outlook for US foreign policy under President Donald J. Trump." *Rivista Di Studi Politici Internazionali*, vol. 83, no. 4 (332), 2016, pp. 577–588.

44. Mahmood, Nazish, and Pervaiz Iqbal Cheema. "Trump and the US Foreign Policy Crisis." *Strategic Studies*, vol. 38, no. 4, 2018, pp. 1–18.

45. Michael, Kobi, and Yoel Guzansky. Institute for National Security Studies, 2020, *Might Qatar Join the Abraham Accords?*

46. Mizrahi, Orna. Institute for National Security Studies, 2020, *Is a Strategic Change in Lebanon-Israel Relations*

Possible at the Present Time?

47. Niva, S. (2017). Trump's drone surge: Outsourcing the war machine. *Middle East Report, no. 283, 2017, pp. 2–8.

48. Pavia, Alissa, et al. Atlantic Council, 2022, pp. 29–39, *Crisis in the Maghreb.*

49. Pillar, P. R. (2017). Trump and the Middle East. *The National Interest, no. 147, 2017, pp. 49–57. https://doi.org/10.2307/26557364

50. Propper, Eyal. Institute for National Security Studies, 2020, *Israel-China Relations and the Normalization Agreements with the Gulf States.*

51. Rabinovich, Itamar. "Trump's Early Steps in the Middle East." *Horizons: Journal of International Relations and Sustainable Development*, no. 9, 2017, pp. 22–33.

52. Reveron, Derek S., and Nikolas K. Gvosdev. "An Emerging Trump Doctrine?" *Horizons: Journal of International Relations and Sustainable Development*, no. 9, 2017, pp. 42–61.

53. Saab, Bilal Y. Middle East Institute, 2021, *The Roadblocks to a Regional Security Dialogue in the Middle East.*

54. Sloan, Stanley R. "Biden or Trump and the rest of the world." *Atlantisch Perspectief*, vol. 44, no. 5, 2020, pp. 38–43.

55. Smith, Sheila A. "U.S.-Japan Relations in a Trump Administration." *Asia Policy*, no. 23, 2017, pp. 13–20.

56. Stein, Shimon, and Oded Eran. Institute for National Security Studies, 2021, *Transatlantic Cooperation and the Implications for Israel*.

57. Sutter, Robert. "Barack Obama, Xi Jinping and Donald Trump—Pragmatism Fails as U.S.-China Differences Rise in Prominence." *American Journal of Chinese Studies*, vol. 24, no. 2, 2017, pp. 69–85.

58. Syed, Shabana, and Zainab Ahmed. "Abraham Accords, Indo-Pacific Accord and the US-Led Nexus of Curtailment: Threat to Regional Security, and Joint Counter Strategy." *Policy Perspectives*, vol. 18, no. 1, 2021, pp. 25–52, https://doi.org/10.13169/polipers.18.1.0025.

59. Trigano, Shmuel. Begin-Sadat Center for Strategic Studies, 2021, *Contrasting Reflections*.

60. Van Zoonen, D. (2016). *Four key issues*. Middle East Research Institute.

61. Winter, Ofir, and Yoel Guzansky. Institute for National Security Studies, 2020, *Religious Aspects of the Abraham Accord*.

62. Woon, W. (2021). From trade war to race and culture confrontation. *Prism*, vol. 9, no. 2, 2021, pp. 46–57.

63. "The world in brief." *The World Today*, vol. 73, no. 5, 2017, pp. 5–8.

64. Wright, T. (2016). *The 2016 presidential campaign and the crisis of US foreign policy*. Lowy Institute for International Policy.

65. Wright, T. (2020). *The 2020 election and the crisis of American foreign policy*. Lowy Institute for International Policy.

66. Ya'alon, Moshe. Institute for National Security Studies, 2016, *Policy Recommendations on the Middle East for the Trump Administration*.

67. Zakheim, Dov S. "Can Trump Take Advice?" *Horizons: Journal of International Relations and Sustainable Development*, no. 15, 2020, pp. 206–219.

68. Zakheim, Dov S. "The Case Against Donald Trump." *The National Interest*, no. 169, 2020, pp. 15–20.

www.ingramcontent.com/pod-product-compliance
Lightning Source LLC
Chambersburg PA
CBHW020351270326
41926CB00007B/388